HABLA DISC
OPTIMIZA TUS RELACIONES INTERPERSONALES

Bernat Fortuny

Brief
Editorial

HABLA DISC
OPTIMIZA TUS RELACIONES INTERPERSONALES

Bernat Fortuny

EditorialBrief • 2025

HABLA DISC. OPTIMIZA TUS RELACIONES INTERPERSONALES
© Del texto: Bernat Fortuny
© De esta edición: Editorial Brief, 2025
info@editorialbrief.com
www.editorialbrief.com
Grupo Editorial Sargantana

Primera edición: octubre, 2025

Impreso en España

Los papeles que usamos son ecológicos, libres de cloro y proceden de bosques gestionados de manera eficiente.

ISBN: 978-84-18641-68-8
Depósito legal: V-4280-2025

A Francina, motor de mi vida y a Carola, que me acompaña en mis aventuras y desventuras con amor, confianza e ilusión.

Índice

Nota del autor

¿Sabías que el error más frecuente del ser humano es creer que todo el mundo piensa y actúa como él? Yo también cometía este error y, de hecho, a veces sigo cayendo en él.

Antes de la entrada del método DISC en mi vida, no me cabía en la cabeza que los demás, ante la misma situación, pudieran actuar de formas distintas a la mía y que también era válido... Esa *curiosa* manera de pensar me llevó a situaciones complicadas, como, por ejemplo, las discusiones inacabables con mi madre, porque según ella solo había una manera correcta de hacer las cosas: la suya. A pesar de que yo veía varias formas diferentes de hacer lo mismo, ¡ella solo aceptaba la suya! ¡Cómo era posible que no lo viera! Eso a mí me dolía y me sacaba de quicio. Más adelante descubrí que mi madre era azul y que simplemente el mundo para ella era así: rígido, estructurado, con dos polos: bien o mal, y ese era el camino para vivir de forma perfecta, sin errores, que es la manera en la que, según ella, se tiene que vivir. Llegar a esta conclusión fue liberador. No estaba estropeado, no era un mal hijo, mi madre no me tenía manía, lo único que ocurría era que no éramos iguales.

Y todo esto lo entendí el día que descubrí el modelo DISC. Todos somos distintos, y la buena noticia es que somos previsiblemente distintos.

Y estas diferencias son fácilmente comprensibles si se miran de la forma adecuada, y salvables si se establece la estrategia de comportamiento adecuada.

Por ejemplo, si te encuentras a un señor pelirrojo con falda y gaita por la calle, tienes varias opciones: puedes hablarle en tu idioma, si no te entiende, puedes hablarle más alto (a lo mejor es sordo), puedes enfadarte y hablarle más alto (a lo mejor es testarudo) o puedes hablarle en gaélico (ains, ¡no sabes!, ¿lo dejamos en inglés que también sirve?) y si nada de esto funciona, por señas... Siempre hay una alternativa.

Acabamos de desmontar el recurrente «Trata a los demás como quieres que te traten a ti» y lo hemos sustituido por «Trata a los demás como necesitan ser tratados».

Este es uno de los cambios más profundos de pensamiento que se puede realizar al interiorizar la metodología DISC. Mi aprendizaje se convirtió en la manera que me permite entender el comportamiento del otro para adaptarme a él.

Este es el viaje que te propongo en este libro. Y lo llamo «viaje» porque parte de un origen (yo), tiene un destino (tú) y un medio de transporte (la adaptación).

Sé que alguno pensará: «¡Que se adapte el otro!», tenemos un color para eso y una reflexión: yo solo puedo actuar sobre lo que puedo cambiar. Lo que está fuera de mi control puede ser favorable o desfavorable, pero no controlable. Si aprendo a acercarme al otro, yo decido si quiero o no quiero; y si es que sí, saber cómo puedo hacerlo me da la capacidad de mejorar mis relaciones. Mejor eso que confiar en que el otro tendrá interés en caerme bien.

¿Qué necesitamos para este viaje? Un espejo, unas gafas y una brújula.

Un espejo para que te veas, para que sepas identificar dónde estás, cómo eres y cómo definirte, cuáles son los aspectos que de forma natural fluyen en tu vida y a cuáles tienes que dedicarles esfuerzo para que así sea. Qué aportas al mundo y qué es lo que no soportas. Ya lo decía Galileo: «La mayor sabiduría que existe es conocerse uno mismo».

Unas gafas para ver al otro e identificar cómo es. Vamos a entrenar la mirada, no para etiquetar a las personas, sino para saber por y para qué hacen lo que hacen. Yo no puedo evitar poner etiquetas, aunque me dicen que es algo feo y de mal gusto, me sale solo, si a ti te pasa lo mismo, bienvenido al club, y ya que vamos a hacerlo, hagámoslo con criterio y propósito. Cuando seamos capaces de ver al otro de esta manera (en colores), sabremos qué podemos esperar de él. Decía Pope: «Bienaventurado el que nada espera, porque nunca será defraudado», pero aquí lo mejoramos con: «Afortunado el que sabe lo que puede esperar».

Y, por último, una brújula para andar el camino que nos separa. Una guía de hacia dónde encaminar mis pasos para acercarme a ti de la manera que resulte más eficiente. Si nos quedamos parados donde estamos, difícilmente llegaremos a donde queremos, así que tomemos la responsabilidad de ser nosotros el cambio que queremos en la relación.

Prólogo

Juan Manuel Leiño

«Y sin embargo, se mueve». Esta frase, atribuida a Galileo Galilei con motivo de su forzado arrepentimiento ante el tribunal, representa desde entonces una suerte de razonamiento según el cual el científico venía a decir: «Ya, ya, podréis decir lo que queráis, pero la tierra se mueve».

Desde hace más setenta y cinco años, los test de personalidad vienen mostrando su validez y rigor, sobre todo a raíz de la utilización de las técnicas de regresión matemáticas, que permitieron dotar de un soporte científico a sus hipótesis y consecuentes resultados.

En este sentido, el método DISC hereda la base más teórica y se apoya en la más científica desde sus orígenes allá por los años treinta y, hoy, el lector tiene en sus manos este libro que representa una fantástica ayuda práctica gracias a la formación, pero, sobre todo, a la experiencia real del su autor, Bernat Fortuny, con quien he tenido el privilegio de coincidir no solo en el diseño de sesiones de aplicación de DISC, sino también de disfrutar con su experiencia práctica en el aula con grupos de trabajo. Y no soy el único, las valoraciones de los participantes tras sus talleres suelen ser las más altas en los programas de Desarrollo de las empresas con las que colabora.

Pero retomemos los fundamentos teóricos. Para el lector interesado en profundizar en la teoría DISC, le invito a leer algo acerca de Marston, donde enraíza el fundamento del método DISC. Desde que este autor escribiera *Las emociones de la gente normal*, podemos afirmar que se produjo una explosión de aplicación de los conocimientos en materia de predictibilidad de los comportamientos del ser humano. Hasta la publicación de ese estudio, los test psicométricos habían tenido un marcado sentido forense, si se me permite la expresión, ya que ponían el foco en las desviaciones del comportamiento «razonable» basado en las respuestas de las mayorías «normales» entendidas estas como ajustadas al estándar o curva normal; es decir, se centraban en comportamientos patológicos.

Sin embargo, Marston nos vino a decir que el comportamiento tiene, por una parte, una respuesta más o menos previsible basada en nuestro «estilo», pero también matices sutiles y relevantes atendiendo al ecosistema y al momento en que se produce. Es decir, la escena y los actores hacen que mi comportamiento se adapte, dentro de mi previsible respuesta al entorno.

Todo esto se explica en el presente libro con una sencillez pragmática por parte del autor que lo convierte en un verdadero manual de cabecera para el lector.

De todas las aplicaciones que DISC tiene y ha tenido en el pasado, los estilos de comunicación y la adaptación del estilo en base al conocimiento «del otro» han sido, sin duda, lo más frecuente; cosa que no puede ser de otra manera, puesto que en la base teórica subyace, como veíamos más arriba, las relaciones intra e intergrupo, siendo la comunicación nuestra principal herramienta de relación. El liderazgo, el trabajo en equipo, etc., son todas ellas habilidades (*soft skills*) en cuyos cimientos está nuestra manera de comunicarnos.

Invito al lector a leer y subrayar este texto que tiene entre sus manos como si de los apuntes de la facultad se tratasen, ya que volverá a ellos. Y a su autor a seguir ayudándonos de una manera tan fácil y aplicable con la ardua tarea de conocer el porqué de las reacciones de nuestros interlocuto-res, a interpretar lo que subyace a ciertas reacciones inespe-radas y a anticiparnos adaptativamente a dichas reacciones. Aprenderá el lector a identificar su estilo, a conocer los ras-gos que definen el estilo de sus interlocutores, a prever y, por lo tanto, a anticiparse. Y todo ello de una manera sencilla y de aplicación práctica acerca de la previsibilidad de nuestras conductas a través de test y herramientas en las que no siem-pre se confían, «y sin embargo, funcionan».

Juanma Leiño
Director de Capital Humano

CAPÍTULO 1

El arte de entendernos a través de los colores

Lo que propongo no es nada nuevo. Hace siglos que se intenta interpretar el comportamiento humano. Se han usado muchísimas metodologías distintas, unas muy simples basadas en elementos de la naturaleza o humores corporales, otras más complejas (astrología, eneagrama...) y todas ellas funcionan, podemos decir que son estadísticamente significativas, y al mismo tiempo ninguna es perfecta. No olvidemos que hablamos del ser humano y la principal característica que nos define es el libre albedrío. A lo más que podemos aspirar es a descubrir la tendencia, a intuir qué tipo de respuesta puedo esperar del otro o qué tipo de comportamiento es más o menos probable.

¿Y por qué el método DISC? Pues porque, para mí, DISC aúna la simplicidad de funcionamiento necesaria para ser una metodología muy comprensible, rápida de integrar, fácil de entender y lo suficientemente útil como para interpretar el comportamiento humano. Con el modelo DISC he conseguido tener los mejores amigos del mundo, ya que sé qué puedo esperar de cada uno y así evito que defrauden mis expectativas; he conseguido conformar equipos que han funcionado muy bien, porque cada uno desempeñaba un rol que cuadraba con sus fortalezas; he conseguido vender más y mejor mis servicios al argumentarlos de distinta manera según mi interlocutor... ¡Todo son ventajas!

El código de colores incorporado a cada una de las letras del acrónimo DISC lo hace más visual y lo convierte en un lenguaje. A partir de la lectura de este libro o de la asistencia a uno de nuestros talleres, los colores rojo, amarillo, verde y azul pasan a representar significados como: determinado, inspirador, prudente o metódico. ¡Es como si te inoculara un virus y a partir de ese momento vieras el mundo de colores!

CAPÍTULO 2

El impacto del autoconocimiento en la vida diaria y profesional

Recuerdo que estábamos en el hospital Mateu Orfila de Menorca acompañando a mi padre en sus últimos días. Tenía ochenta y seis años y se había rendido. El personal del hospital, unos ángeles con bata, nos atendía con mucho cariño, y llegó el momento de hablar con el equipo de paliativos que prepara al enfermo y a la familia para la despedida. Al reunirnos con las tres enfermeras, una me miraba con esa típica cara de «yo te conozco de algo...». Al momento caímos en la cuenta de que ella había participado en una de las formaciones que yo realizo para ese hospital, donde formo al personal en el método DISC para que aprendan a trabajar mejor en equipo o a atender de forma más eficiente a los pacientes. Tras la reacción inicial, los comentarios sobre lo aprendido y su aplicación al trabajo, la conversación fue algo así como: «Mi padre es verde; mi madre, azul; mi hermano mayor, azul-rojo; mi hermana, verde-azul, y yo, ya sabéis, verde-amarillo». No hubo muchas más preguntas. A cada uno nos hablaron, contaron e informaron de una manera distinta, con actitudes distintas y foco en distintos aspectos. Todos nosotros nos sentimos superbién acompañados, que nos hablaban en nuestro idioma y que atendían nuestras inquietudes y necesidades. Ya no éramos los parientes de la 312, sino personas hablando con personas en la misma sintonía. Qué reconfortante es sentirte escuchado y comprendido. Especialmente en esos momentos difíciles en los que no estás para mucha adaptación al otro, más bien para que te lo pongan fácil.

CAPÍTULO 3

El ABC del modelo DISC: Una brújula para el comportamiento humano

¿QUÉ ES EL MODELO DISC?

Es una metodología sencilla y poderosa que clasifica los comportamientos humanos en cuatro estilos principales. Cuatro. Es un número que se usa desde tiempos inmemoriales, los presocráticos hablaban de: tierra, agua, aire y fuego; los hipocráticos: de colérico, sanguíneo, flemático y melancólico. Con ligeros matices, seguimos hablando de lo mismo. ¿Qué hay de diferente en este libro? La brújula.

En ocasiones me han descrito usando otras etiquetas como «virgo», por la situación del sol en mi fecha de nacimiento, lo que en teoría me lleva a tener un comportamiento ordenado, metódico... (creo que mis ascendentes dominan más que el sol en mi caso...) o me han definido como un 3 del eneagrama. De acuerdo, ¿y después qué? ¿De qué me sirve saber eso? Sin duda, el autoconocimiento es la base del crecimiento personal y de la mejora en las relaciones, pero siempre me ha quedado la pregunta: ¿y ahora qué?

Pues a esa pregunta pretendemos dar respuesta con el contenido de este libro. No nos vamos a quedar solo con el «tú eres tal», sino que vamos a tratar de comprender las interacciones entre los que «son así» con los que «son asá».

El trabajo de base fue desarrollado por el psicólogo William Moulton Marston, quien quería entender cómo las personas responden emocionalmente a su entorno y cómo estas respuestas influyen en sus acciones. Fue el primer psicólogo que estudió el comportamiento de la «gente normal», de hecho, así se titula su libro (*Emotions of Normal People*). También ayudó a inventar el polígrafo y creó a Wonder Woman, así que debía de ser un tipo bastante especial.

Otro detalle que lo hace extraordinario es que no registró sus investigaciones bajo ninguna patente, lo que permitió que otros las pudieran continuar. Esto es lo que varias empresas han hecho, y como resultado existen muchas variaciones de la metodología DISC, normalmente ligadas a una metodología de identificación (un test). ¿Cómo sería poder usar el método DISC sin necesitar ese test? Eso es lo que pretendo averiguar con mi trabajo como *coach* de equipos y formador.

Estaremos de acuerdo en que no podemos ir por el mundo con un test en la mano y pedirles a las personas que lo rellenen antes de empezar a relacionarnos con ellas... Además de poco operativo, ¡resultaría muy raro!

Lo genial de la metodología DISC es que no busca encasillar a la gente, sino ofrecer una guía para entender nuestras diferencias y aprovecharlas. Siempre nos han dicho que etiquetar está feo, y yo sigo pensando lo mismo: cuando identificamos al otro, nuestra intención no es condenarlo a tener un comportamiento concreto, sino ser capaces de ver cuál es su tendencia natural de conducta, su estilo de comunicación, sus motivadores. En el fondo lo que queremos es saber qué podemos esperar de él, cuál es su actuación más probable, para qué hace lo que hace, cómo le gusta que le digan las cosas. Así podremos anticiparnos y saber tratar al otro como necesita ser tratado. Esto sirve para acercarnos, no para juzgar.

Este método nos permite orientarnos, como una brújula, pero no condiciona lo que hay, al igual que la brújula no condiciona el mapa. Me explico: que alguien tenga dominancia de uno de los cuatro colores en su estilo de comportamiento no lo define, al contrario, es su comportamiento el que nos inspira a identificarlo con uno de los colores. ¿Cuadra al 100 %? Pues no. Esto es una tendencia, no una condena. Si identificamos nuestro temperamento con uno de los colores del método, eso no significa que debamos cumplir con todas las características de ese color y no podamos tener alguna del resto de colores, sino que, simplemente, lo que se puede esperar de nosotros tenderá a ser de una forma determinada.

Tengamos claro a partir de aquí que hablamos de colores, no de personas.

Uno de los riesgos que he observado a lo largo de mi experiencia como formador es el sesgo de confirmación. Cuando alguien es *etiquetado* con un color, automáticamente refuerza los comportamientos asociados a él. Es tentador decir «Tú eres...» como si la identificación fuera una condena, algo que te constituye y ya no puedes evitar. No es el caso. Lo correcto sería decir «Tú te comportas como...». La identificación no es una condena, es una tendencia, otro mantra añadido al de «nada está bien, nada está mal, simplemente *es*».

Recuerdo con cariño a Patri, que después de ser etiquetada como roja se permitía no atender al teléfono si no le apetecía. «Para eso soy roja», decía. Sin duda eso es confundir el color con la persona, y la idea no es esa, no es justificar un comportamiento, sino anticiparnos a lo que es probable que suceda. Tras la *euforia inicial*, Patri ya está atendiendo al teléfono como siempre hacía.

Imagino que te estarás preguntando ¿y todo esto cómo funciona? La respuesta es: observando. Vamos a ponernos esas gafas que nos ayudarán a ver las cosas de colores, vamos a entrenar la mirada para descubrir en el otro, o en nosotros mismos (aquí tendrás que usar el espejo), nuestras tendencias en dos aspectos:

- **Tendencia hacia la acción o la reflexión**: algunas personas prefieren actuar rápido y directo, mientras que otras necesitan tiempo para pensar y analizar. Son los rápidos y los lentos, respectivamente.
- **Enfoque en las tareas o en las personas**: unos se orientan más a los objetivos y resultados (control, hechos), mientras que otros priorizan el apego o la forma de relacionarse (relaciones, emociones).

Abandonemos en este instante, si no lo hemos hecho ya, todo juicio. No hay tendencia *buena* ni tendencia *mala*, nada está bien y nada está mal, simplemente *es*. Centrémonos en la descripción sin juicio y comprenderemos mejor al otro o a nosotros mismos.

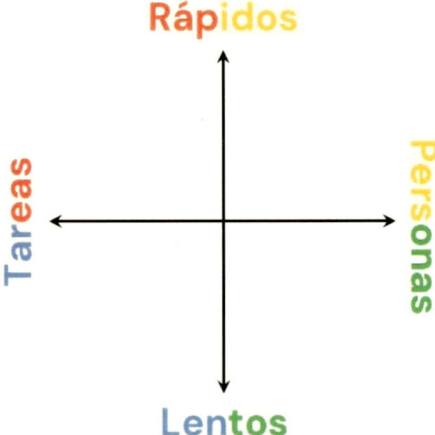

Es muy goloso eso de «Ains, yo quería ser más de _____ (rellena este espacio con cualquier característica que no tengas)». Pues lo siento, te ha tocado lo otro, qué tampoco está mal. Por suerte, puedes encontrar la manera de trabajar en eso que tanto deseas (si realmente lo deseas), usando lo que sí eres. Trataremos este tema más adelante.

Volviendo al primer foco: la proactividad o reactividad. ¿Qué creo yo que condiciona estar en un punto o en otro? Nuestra convicción sobre los recursos disponibles.

Me explico, si tú crees que cuentas con todos los recursos necesarios para afrontar cualquier situación que se te presente, o que los puedes encontrar por el camino, seguro que no tendrás ningún reparo en entrar en acción y ya luego, «si eso», te pondrás a pensar. Te acabas de situar en el entorno de los rápidos, los que primero actúan y después piensan. Son personas que tienen el foco hacia fuera, donde está lo que hay que resolver y el recurso para hacerlo.

Los enfocados a la acción, a proceder primero y pensar después, no consultan con el pasado para actuar. No les importa cómo se ha venido haciendo o cómo marcan las normas que debe hacerse, simplemente actúan. Esto produce dos efectos: proacción e innovación. Son los que consiguen que las cosas sucedan porque van abriendo camino con confianza en vez de siguiendo los patrones conocidos.

Es un buen momento para recordar lo de «nada está bien y nada está mal». Toda moneda tiene cara y cruz, y aunque parezca muy chulo lo de ir inventando por el mundo, también tiene un alto coste en aprendizaje, energía necesaria para atender imprevistos, etc.

Por el contrario, si crees que el mundo es un lugar más bien hostil y que necesitas tener claro que dispones de todos los recursos necesarios para afrontar una tarea, tu foco será hacia adentro para revisar de qué recursos dispones y qué experiencia tienes, ¿necesitas alguno más? Muy probablemente tu estrategia será «primero pienso y luego actúo». Los centrados en la reflexión tienen el foco hacia adentro porque tratan de encontrar seguridad en lo conocido o en lo razonablemente esperable, en la experiencia y en la razón, en definitiva, en los recursos propios. De este buscar en lo conocido conseguimos dos cosas, la primera es estabilidad y la segunda, hacer las cosas sin tanta necesidad de estar atento. Entramos en el aseguramiento de la calidad del proceso, el aprendizaje por repetición y llegamos a la competencia inconsciente.

Insisto en que nada es bueno y nada es malo, todo *es*.

Para situar a las personas en el segundo eje de este cuadro, deberemos observar cuál es su foco principal ¿las personas o las tareas?

Las que están enfocadas en las personas se relacionan mucho con el apego, es decir, le dan mucha importancia al otro y, de alguna manera, la presencia de otra persona influye en su comportamiento. Para este tipo de individuos es muy importante la relación con los demás y los vínculos emocionales que se establecen, principalmente la alegría y la empatía, como ya veremos más adelante. Son más emocionales y viven con el corazón.

Las personas centradas en las tareas son más desapegadas, y con lo que se relacionan es con el «locus de control»: la creencia de que sus acciones pueden cambiar la realidad. A ellos lo que les preocupa es tener el control de aquello que se está haciendo, dejando a los demás, sus emociones, opiniones y necesidades en segundo plano. No, no estoy definiendo psicópatas, simplemente es que hay quien antes de pensar en el otro, o incluso para ayudarle, lo que hace es ocuparse de qué hay que hacer y cómo debe ser hecho. Volvemos a nuestro mantra... «nada bien, nada mal», simplemente *es*.

Las personas enfocadas en las tareas viven en la cabeza. Su órgano principal es el cerebro y buscan la racionalidad en lo que hacen.

¿Qué pasa cuando combinamos los dos ejes? ¿Qué pasa cuando observamos de forma conjunta esa tendencia a la acción y ese enfoque? Pues que en cada cuadrante aparece un perfil diferente; que se nos organiza la brújula de manera que podemos distinguir cuatro puntos cardinales o estilos básicos. Vamos a ponerles color para que sean más fáciles de recordar.

CAPÍTULO 4

Los cuatro estilos y sus colores: Rojo, amarillo, verde y azul

Los cuatro estilos DISC se representan con colores para facilitar su comprensión y recuerdo. Es fácil asociar el rojo a la pasión, a la intensidad; el amarillo, al brillo del sol que lo ilumina todo; el verde, al relax del campo, la serenidad de la hierba, y el azul a ese frío tan necesario para poner raciocinio en las cosas.

1. ROJO – DOMINANCIA (D):

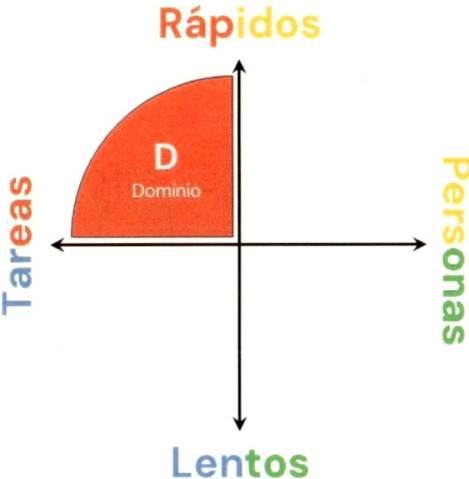

Los rojos, es decir, los que tienen una predominancia del D en su temperamento, son rápidos y están enfocados en las tareas. Son aquellas personas que tienen claro *qué* van a hacer. Son como el arquero con su arco, su flecha y su diana, deciden dónde apuntar, se concentran en el objetivo y lanzan su flecha en línea recta y de forma contundente, sin vacilaciones, con el pulso firme. Quieren acertar cuanto antes para poder pasar al siguiente reto. Tienen toda su atención y toda su energía hacia afuera y focalizada en un punto: su objetivo.

Para ellos la línea recta es la única que existe y, por tanto, son directos, determinados, decididos y claros en su comunicación, tanto verbal como no verbal.

Al tener tanta energía enfocada en los resultados, pueden parecer muy dominantes, a los que están en el extremo contrario les parecen arrogantes e insensibles. Nota: voy a insistir una vez más en que no confundamos el color con la persona. A pesar de que las personas con un alto D, con mucho rojo, tienden a comportarse de esta manera tan competitiva y determinada, eso no les exime de tener su corazoncito, sus ideales, sus afectos... Insisto, no confundir el color con la persona, ¡es importante!

> Características principales: Las personas con un alto D son directos, decididos y están orientados a los resultados.

Podemos esperar de estas personas que se sientan cómodos en entornos competitivos, asumiendo responsabilidades, tomando decisiones y empujando a los demás hacia los objetivos que ellos tienen en mente. Nada puede hacer más feliz a un rojo que competir y ganar, superar, conseguir... y todo desde la sensación de que son ellos los que están a los mandos, los que controlan la dirección y el resultado de lo que se hace, que el mundo se ajusta a sus expectativas. Y si no es así, tienen fuerza y recursos para cambiarlo.

Eso nos da un buen punto de apoyo para motivarlos. ¿Conoces a alguien que quiere hacer solo las cosas que le gustan y a su manera, por lo que siempre pone toda su energía en conseguir salirse con la suya? Probablemente estés ante un rojo. Si te cansas de discutir con él, lo que le lleva a su zona de confort y le despierta el instinto de ganar, busca un plan B: rétale.

No hay frase más motivadora para poner en marcha a un rojo que un castizo «No hay huevos de...» sosteniéndole mirada. La respuesta que cabe esperar es algo así como «¿Que nooo?». Y aquí empieza la acción. En el caso del niño rebelde, esa discusión mañanera de «Vístete», «No me quiero vestir» se arregla con un «¿A que no eres capaz de vestirte en dos minutos?». Pero, ojo, que el rojo es rojo, pero no es tonto, si abusas de esta estrategia, ¡te va a pillar!

> ## Lo que los motiva: Los retos, el control y el logro de metas.

Convivir con un rojo, especialmente si habitas la parte baja de la tabla, puede ser un poco estresante (incluso a veces sin el «poco»), pero hay que reconocerles aquello que aportan, ya que en ocasiones hay cosas que no somos capaces de conseguir por nosotros mismos si tenemos el D bajo, y ahí está nuestro compañero rojo para entrar en acción. Ellos no tienen problema en decidir y asumir las consecuencias de sus decisiones, y lo hacen prácticamente sin pensar.

Por ejemplo, cuando jugaba al fútbol y en el tiempo de descuento se pitaba un penalti que podía cambiar el resultado del encuentro, alguien tenía que tirarlo. En ese momento aparecía el compañero que tenía claro que era él quien debía hacerlo, y sin pensar plantaba el balón en el punto blanco y se preparaba para lanzar la pena máxima. Ese compañero, muy probablemente, era rojo.

Los rojos son los promotores, los que hacen que sucedan cosas para llegar a objetivos determinados.

> ## Fortalezas: Toman decisiones rápidas, son valientes y resolutivos.

A todos nos gustaría parecernos a ese héroe del campo de fútbol y tener las agallas de lanzar ese penalti en el tiempo de descuento, ¿a que sí? Pero toda moneda tiene cara y cruz, todo tiene un precio o una contraprestación. En el caso de los rojos, la contraprestación está en que no son reconocidos por su empatía. En este momento te vuelvo a sugerir que sigas sin confundir el color con la persona. El tomar decisiones y avanzar con paso firme hacia los objetivos parece estar reñido con tener en cuenta la opinión de todos los que le rodean, por lo que el rojo acaba teniendo fama de arrogante, prepotente, de no escuchar, de no hacer caso de las opiniones de los demás, incluso de no solicitarlas, de autoritario... y, claro, generalmente tienen razón en el comportamiento, pero hay que contemplar el motivo. Es frecuente juzgar a los demás por sus hechos y a nosotros mismos por nuestras intenciones. Eso no es equitativo.

Ser juzgado desde ese punto es el precio que debe pagar alguien que tiene las cosas claras, el control, la actitud y la energía para avanzar hacia el objetivo y llevar consigo a todo el equipo. ¿Te suena?

> # Riesgos: Pueden parecer autoritarios o impacientes si no equilibran su estilo.

Si eres una persona así, seguramente no inviertes tiempo en dar rodeos. Las curvas te hacen perder tiempo y velocidad. Ya aprendiste en tu infancia, en las clases de geometría, que la distancia más corta entre dos puntos es la línea recta, y a eso le rindes culto. Te encontrarán siempre en acción y, si te preguntan, vas a contestar de forma clara y directa, sin ambages ni rodeos. Si no quieren saber, que no pregunten.

> # En el día a día: Son esas personas que «van al grano» y que prefieren la acción a las largas discusiones.

2. AMARILLO – INFLUENCIA (I):

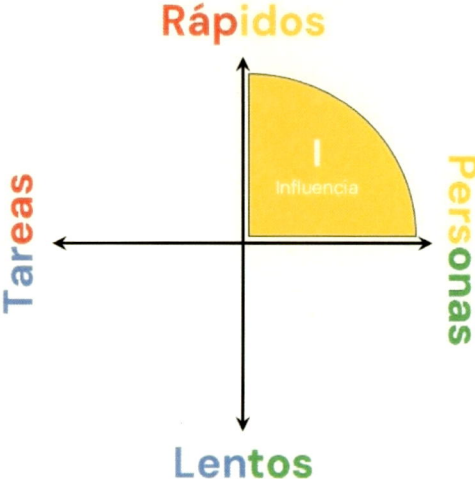

Si mantenemos la alta energía proyectada hacia el exterior, pero abrimos el foco y la orientamos a conseguir cosas en la relación con el otro, nos encontramos con los amarillos. Son esas personas inspiradoras, comunicativas, sociables y divertidas que procuran que siempre haya buen rollo y toman acción para conseguirlo.

Son personas que muestran entusiasmo a la hora de vivir, parecen estar disfrutando de la experiencia, incluso cosas como ir a por el pan se acaban convirtiendo en una aventura si las narra un amarillo. ¿Eres de esos a los que lo cotidiano les entusiasma y se lo explica a los demás para que puedan compartir esa vivencia? Si es así, probablemente seas amarillo.

Es frecuente ver cómo cambian las caras y aparecen las sonrisas cuando una persona con alto I entra en la sala. Ellos se encargan de que todos sepan que la vida es bella, el vaso está medio lleno y una sonrisa lo arregla todo, y si no es así, se encargan de hacer algo para que así sea.

Su naturaleza es flexible y curiosa, lo que los puede mostrar como dispersos y superficiales. En las empresas son la pesadilla del Departamento de Administración, ya que les cuesta seguir las normas y adoptar rutinas. Se aburren y necesitan probar si de otra forma es más fácil, más rápido o simplemente más divertido.

Características principales: Sociables, optimistas y creativos.

Lo que cabe esperar de un amarillo es que esté continuamente socializando, buscando el contacto con los demás. Si el rojo se centraba en el qué, el amarillo lo hace en el con quién. Sea lo que sea que esté haciendo, el amarillo encontrará la manera de compartirlo con otros.

Con toda esa energía dedicada a mejorar la vida de los que le rodean, lo que el amarillo espera es que le reconozcan el esfuerzo, que le vean como al protagonista en la situación creada. Y ese puede ser un factor que le mueva, para bien o para mal. Si queremos motivar a un amarillo, reconozcámosle. Si queremos que desaparezca, generemos un ambiente aburrido y hostil donde sus cualidades no vayan a ser valoradas, y veremos que preferirá retirarse hasta que soplen vientos más favorables.

Lo que los motiva: Las interacciones, el reconocimiento y la diversión.

El entorno ideal para el amarillo es el buen rollo. Si encontramos tensiones, conflictos o dificultades, no va a estar cómodo y tratará de cambiarlo con su mejor cualidad: la alegría. Es esa emoción contagiosa que pasa de una persona a otra. Tiene un don especial para leer a los demás y saber qué hacer para llegar a ellos, para generar complicidad. Son grandes vendedores, y yo opino que grandes seductores, ya que usan la emocionalidad del otro para conseguir su objetivo, que no es más que ser el responsable de la felicidad del otro.

¿Cómo lo hacen? Pues para ellos es muy fácil, hablando, sugiriendo, invitando, en resumen: comunicando. Si alguien está hablando con entusiasmo de cualquier cosa, y parece que su discurso no tiene fin, pero al tiempo apetece escucharle porque muestra pasión en lo que dice, esa persona tiene un alto I, es amarilla.

Ese es el don de los amarillos, saber comunicar, saber hacer de la simpatía su bandera y generar, donde sea que estén, esa sensación de que algo significativo y agradable está pasando.

> **Fortalezas: Son grandes comunicadores, motivan a los demás y generan un ambiente positivo.**

Si estás pensando que vivir con un amarillo es «lo más», no te falta razón, ya que encontrarás a una persona de la que cabe esperar intensidad y alegría. Pero no olvides que toda moneda tiene su cruz. Toda esa energía volcada hacia afuera tiene consecuencias. No es infrecuente que un amarillo haga tantas promesas que le cueste cumplirlas, por ejemplo, que quede con dos personas a la misma hora en lugares diferentes, inicia tantos planes que alguno se le puede escapar.

Son humanos y, por tanto, tienen momentos altos y momentos bajos. Cuando alguien vive todo lo que le ocurre con tanta emoción, puede tener tendencia al histrionismo, y aunque no muestren públicamente su lado más oscuro, los que conviven con ellos sí pueden ver esos momentos de «la vida es un asco» que también transitan, como todos, pero con más intensidad.

Tanta ilusión al iniciar las cosas y el aburrimiento si se vuelven rutinarias hacen que los planes deban ser inmediatos. Les cuesta mantener la firmeza, rutina y perseverancia para alcanzar metas a largo plazo.

Lo anterior también los lleva a iniciar muchas cosas, por lo que los conocerás por tener un montón de aplicaciones abiertas en su ordenador, varios expedientes en la mesa sobre los que trabajan, más de un libro empezado en su mesita de noche, diferentes cuadernos para tomar notas... Muchas cosas empezadas, y no todas terminadas.

Riesgos: Pueden distraerse fácilmente o dejar cosas a medias si pierden el interés.

Si eres una persona con alto I, amarillo, te podemos encontrar siempre en entornos sociales, liderando las conversaciones y hablando con unos y con otros. Probablemente seas el alma de la fiesta, y da igual si no conoces a nadie, con una facilidad pasmosa harás amigos y propondrás temas de conversación o actividades o cualquier cosa que pueda mejorar el ambiente del lugar donde estés.

Son unos auténticos maestros en el *networking*, retienen mucha información personal de las personas con quienes interactúan, lo que les permite que el próximo encuentro sea mucho más agradable. Son los conectores.

> En el día a día: Los reconocerás por su energía contagiosa y su habilidad para hacer amigos rápidamente.

3. VERDE – ESTABILIDAD (S):

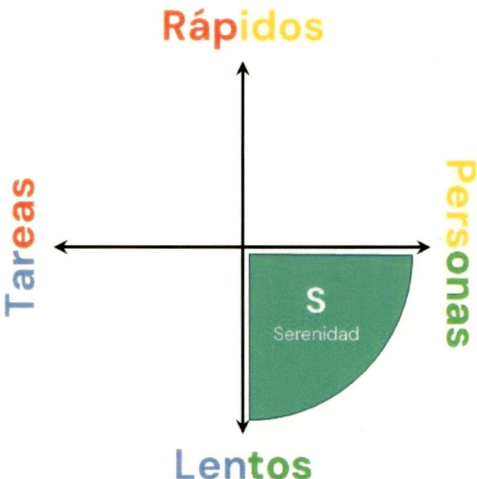

Al cambiar a la zona baja de la tabla, nos encontramos con los perfiles que dan respuestas: los verdes.

Los verdes, las personas con un alto S en su temperamento, son muy estables, serenas (aparentemente), cercanas y empáticas. Pertenecer les da tranquilidad, y los detectaremos porque se sienten cómodos cuando les hablamos en plural y el tema tiene que ver con la ayuda... *Juntos* y *ayuda* son palabras que frecuentemente salen de su boca.

Su anhelo es encontrar el *cómo*, esa manera que puedan repetir para que todo fluya en paz y armonía, que todo discurra como siempre, sin cambios ni conflictos. ¿Has oído hablar de la zona de confort? ¡Eso lo inventó un verde!

Esa necesidad de estabilidad, que los convierte en personas con las que es fácil la convivencia, puede ser su espada de Damocles. Puede convertirlos en seres reactivos, rencorosos y victimizados frente a personas que les intenten llevar a tomar acciones o decisiones que no les apetecen... y si es de forma rápida y contundente, ¡peor me lo pones!

De los verdes podemos esperar que eviten el conflicto, aun a costa de dejarse como segundo plato frente a las necesidades del otro. Esto es así hasta que no pueden más y entonces explotan. Suelen tener esas explosiones en terreno seguro, con las personas que más quieren y con las que saben que no va a haber ruptura, aunque les muestren ese lado oscuro que siempre quieren esconder. Si un verde explota contigo, te está diciendo «confío en ti», aunque de una manera muy poco práctica y agradable.

Características principales: Pacientes, leales y orientados al equipo.

Son trabajadores abnegados, sacrificados, de los que no saben decir que no, y se van cargando de tareas, aunque no sean suyas. Las necesidades de los demás siempre tienen prioridad... No quieren decepcionar al otro y perjudicar la relación. Pertenecer es su gran motivador y las relaciones cercanas y significativas, lo que buscarán a toda costa. El verde tiene pocos amigos, pero con vínculos muy profundos y significativos.

Podemos definir al verde como el cohesionador.

> Lo que los motiva: La seguridad, la armonía y las relaciones cercanas.

Buscarán siempre la cohesión en los grupos de los que formen parte, convirtiéndose, por su gran capacidad de escucha, en confidentes, confesores, paños de lágrimas, mejores amigos de todos. Y por su gran empatía, procurarán que todo el mundo se entienda.

Pon un verde en tu equipo si quieres que haya cohesión y armonía, que la parte relacional esté cuidada y que haya estabilidad en el grupo.

> Fortalezas: Excelentes escuchando, fomentan la colaboración y mantienen la calma en situaciones tensas.

Ya hemos aprendido que toda moneda tiene cara y tiene cruz. El reverso de la moneda de los verdes está en la necesidad de que todo siga sin conflictos y sin cambios, y ya sabemos todos que, en la vida, lo único permanente es el cambio.

Si el entorno cambia, hay que adaptarse, y para ello hay que tomar acción y decisiones. Ante ese escenario, el verde no es el mejor compañero de viaje. Se resistirá como un gato panza arriba para que todo siga como siempre. Le escucharás argumentar: «Tampoco va tan mal», aunque esté en circunstancias poco favorables...

Otro aspecto a considerar del verde es la tendencia a evitar el conflicto abierto, por lo que aparentemente será sumiso y pondrá las necesidades del otro antes que las suyas propias. Y digo aparentemente porque el verde es verde, pero tiene su corazoncito y sus necesidades, por lo que, si para evitar el conflicto pone las del otro frente a las suyas, se va resintiendo. El verde es rencoroso y vengativo: perdona, pero no olvida.

Es importante tener presente que estamos hablando de colores y no de personas, es decir, el verde es el color, es la tendencia a la estabilidad, pero cualquier persona es una combinación de todos los colores, por lo que los verdes, aunque les cueste en ocasiones, también toman decisiones, cambian cosas, se comunican, analizan pros y contras, etc., como todos.

> # Riesgos: Pueden resistirse al cambio o evitar conflictos, incluso cuando es necesario enfrentarlos.

El entorno ideal para una persona con alto S sería una especie de día de la marmota en el que todo se repite de forma previsible, una y otra vez, y él o ella pueden prever perfectamente lo que va a suceder sin tener que tomar riesgos ni asumir cambios.

Tendrían su grupo de amigos —con los que mantendrían una relación muy estrecha, casi familiar—, su trabajo, sus rutinas... Eso les hace ser muy previsibles y confiables, puedes adivinar de antemano cuál va a ser su reacción: la de siempre.

> En el día a día: Son esas personas confiables que siempre están ahí cuando las necesitas.

4. AZUL – CUMPLIMIENTO (C):

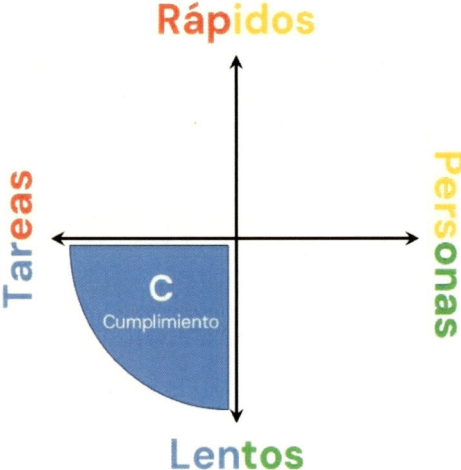

Continuando con los perfiles que dan respuesta, nos encontramos con el perfil más racional, el que necesita resolver todos los *porqués* que va encontrando por el camino para entender el funcionamiento del mundo.

Las personas con un alto C en su temperamento son cumplidoras, metódicas, profesionales, con una gran capacidad analítica. Son a los que les explicas una idea compleja y abstracta y en un momento son capaces de desgranarla en fases, necesidades, puntos críticos, recursos necesarios... Son los amos del juicio, los que saben lo que está bien y lo que está mal. Son conscientes de que hay *una* manera en el mundo de hacer las cosas, *una* que da buen resultado, sin errores, *una* que, por cierto, es la suya.

De los azules podemos esperar que vivan en una constante necesidad de perfección, evitando a toda costa cometer un error y señalando los de los demás, con el ánimo de que aprendan y dejen de cometerlos. Son propensos a la crítica, aunque no les guste para nada recibirla.

> ## Características principales: Analíticos, perfeccionistas y orientados a los detalles.

Convivir con un azul tiene su parte positiva, ya que constantemente están buscando hacer las cosas de la mejor manera, y pondrán un montón de energía en definir el proceso que lleva al éxito. Solo tienes que dejarte llevar.

Si tienes que comprarte cualquier artículo, especialmente técnico, busca a tu amigo azul que haya hecho ese proceso y déjate asesorar. Puedes estar tranquilo, ya que habrá realizado un estudio en profundidad, seguramente con un Excel, parametrizando la decisión, y llegado al resultado óptimo. Y eso es lo que él te pedirá a ti, que pienses antes de actuar y que razones tus decisiones.

> Lo que los motiva: La calidad, la precisión y los procesos claros.

En un equipo, el azul marca la calidad, la excelencia en los procesos. Es el que mantendrá todo controlado, medido y regulado para que el nivel sea óptimo.

Da igual la complejidad del tema que se trate, el azul tendrá la perseverancia suficiente para obtener toda la información necesaria para asegurar un proceso sin errores, consistente, del que se pueda uno fiar sin miedo a equivocarse. Hasta el más mínimo rincón será revisado y evaluado.

> Fortalezas: Son meticulosos, cumplen con los estándares más altos y resuelven problemas complejos.

Sin embargo, esa necesidad de control del proceso y búsqueda de la excelencia en ocasiones se puede convertir en exigencia y llevar al proyecto a la parálisis por análisis, o a sobredocumentar procesos, o a microcontrolar o microgestionar. Para un azul es más importante el desarrollo que el resultado, y esa es, sin duda, su área de mejora.

> Riesgos: Pueden ser muy críticos o lentos en la toma de decisiones debido a su análisis profundo.

Lo que sí obtenemos de ese azul es la comprensión necesaria para elaborar una buena estrategia, un buen plan desde lo más genérico a lo más específico. Su entorno ideal es una sala aislada de estudio, donde observar las acciones y resultados obtenidos. Son fácilmente localizables en entornos científicos, administrativos, auditorías, controles de calidad, bufetes de abogados...

> En el día a día: Son quienes siempre tienen un plan estudiado y preparado.

Para ti, que igual estás pensando «me veo en todos» o «me veo en varios» o «depende»..., decirte que ¡claro que sí! Esto no es digital, es analógico. Y no es una condena, es una tendencia.

A modo de ejemplo, si te etiquetas como rojo no significa que no puedas disfrutar de la experiencia de vivir o querer a tu familia, o incluso ordenar tu habitación; significa que podemos esperar de ti que tengas una tendencia a buscar resultados, a competir y ganar.

Además, dependiendo del entorno en el que nos movamos tendremos un comportamiento distinto, pues hemos aprendido a manejar un repertorio de comportamientos adaptados a ese entorno. Yo como padre muestro más rojo que en otros entornos (y si no te lo crees, pregúntale a mi hija sobre mi opinión de salir por la noche cuando era adolescente). Cuando ejercía de economista, mostraba mucho más azul que ahora, que trato con personas y luzco mi verde en la sesión individual y tiro de amarillo en mis talleres. Pero en todos los casos sigo siendo yo, alguien que busca estabilidad y seguridad estando con personas. No soy verde, tengo tendencia a buscar seguridad, pero también tomo decisiones, inspiro y cumplo normas. Y lo hago de forma distinta a otro verde, aunque los dos tengamos en común que busquemos seguridad, que queramos vivir en nuestra zona de confort.

CAPÍTULO 5

La ciencia detrás del método DISC: De dónde viene y por qué funciona

Esta herramienta no es fruto de la casualidad; desde el principio de los tiempos, el hombre ha intentado entender y clasificar el comportamiento humano. Como ya he expuesto anteriormente, los presocráticos hablaban de aire, tierra, fuego y agua, o los hipocráticos de colérico, sanguíneo, flemático y melancólico, en ambos casos son modelos de cuatro elementos que consiguen una buena correlación con el comportamiento humano. William Moulton Marston, creador del modelo DISC, probablemente se inspiró en ellos para desarrollar el suyo.

Hay otras formas de interpretar el comportamiento humano, como el eneagrama, el heptagrama, el horóscopo (astrología), los arquetipos y muchos más. ¿Por qué he elegido el método DISC? Por los mismos motivos que lo hacen funcional:

- **Es sencillo:** aunque el comportamiento humano es complejo, este modelo lo descompone en categorías fáciles de comprender e identificar en uno mismo y en los demás. Por su sencillez se convierte en un lenguaje de base que facilita mucho la comprensión de las tendencias del comportamiento.

- **Es práctico:** ofrece herramientas inmediatas para mejorar la comunicación, resolver conflictos y trabajar mejor en equipo. En ese nivel. Si queremos herramientas terapéuticas o con mayor precisión, igual el modelo DISC no es la más acertada. Cada herramienta sirve para su aplicación, y para mí esta sirve para entender las tendencias del comportamiento de las personas, me contesta a la pregunta «¿Qué es lo que puedo esperar con mayor probabilidad de esta persona?». Luego cada uno se comporta como ha aprendido, siguiendo sus patrones o como le indican.

- **Es flexible:** reconoce que todos somos una combinación de estilos y que podemos adaptarnos según las circunstancias, y al mismo tiempo sigue siendo útil para comprender los comportamientos desde su ¿para qué?

CAPÍTULO 6

Descubre tu propio estilo: El primer paso hacia el cambio

En nuestros talleres solemos lanzar una pregunta: ¿qué es lo primero que necesito para ir de viaje? La variedad de respuestas es enorme, y lo más frecuente es que la *correcta*, la que buscamos para dar sentido a lo que trata este tipo de actividad, tarde mucho en aparecer. La gente se acuerda del destino, los compañeros de viaje, el presupuesto, el tiempo, las ganas... Todo ello es necesario, pero en cuanto vamos a empezar a movernos, lo que es imprescindible es saber dónde estamos.

> Lo primero que necesitas saber para ir de un lugar a otro es el origen.

Obvio, ¿verdad? Pues muy probablemente no ha sido tu primera respuesta, ¿y sabes por qué?, porque lo damos por supuesto. Así de simple y al mismo tiempo, así de complejo.

Dar por supuesto forma parte del error más común en el ser humano. Damos por supuesto que los demás van a actuar como yo lo haría, y eso no es así. Eso distorsiona nuestra percepción de la realidad, generando expectativas que no se cumplen y «errores de medida».

Me explico: Cuando alguien me preguntaba cómo soy, mi respuesta era «normal». Me consideraba el centro de todo sistema de medida, el patrón de cualquier modelo. Cumplía con el error más frecuente del ser humano, ¿recuerdas cuál es? Pensar que todos actuarán como yo lo haría.

A esta creencia le añadimos años de «Trata a los demás como quieres que te traten a ti», y obtenemos un cóctel perfecto para la comunicación inconsciente, que es el primer elemento en los malentendidos, errores de comunicación, conflictos, desmotivaciones...

Puedes observar que no soy muy fan de eso. De hecho, creo firmemente que hay un salto cuántico en la vida de las personas el día que deciden poner consciencia en lo que hacen, lo que piensan y lo que sienten. La metodología DISC me ha resultado una herramienta muy sencilla e indolora para entrar en ese mundo, el del autoconocimiento.

¿CÓMO IDENTIFICAR TU ESTILO NATURAL?

Tenemos claro que, si queremos ir del «yo» al «tú», lo primero que necesitamos saber es ¿dónde estoy parado? ¿Cómo soy yo?

Al leer los capítulos anteriores seguro que has ido identificándote con la mayor parte de los colores, seguro que en cada uno hay una característica que encaja contigo. La primera reflexión que voy a traer es: ¿en qué entorno? Me explico: nuestro comportamiento se adapta al entorno en el que estamos interactuando y sus circunstancias y el rol que desempeñamos. No es lo mismo un ejecutivo agresivo invirtiendo en bolsa que el mismo hombre al llegar a casa y jugar con sus niños. En cualquier caso, seguro que hay una tendencia subyacente hacia la proactividad o la reactividad y un mayor peso en los hechos o en las relaciones.

Contemplemos también que una persona no es un color, ni siquiera una combinación estática de colores. Somos como la paleta de un pintor, donde todo se mezcla y el resultado es una obra de arte única y especial.

Para identificar el estilo propio es importante hacer un ejercicio de reflexión sincera. ¿Dónde me siento más cómodo? ¿Dónde me encuentro más veces, en la parte alta de la tabla o en la baja? ¿Enfocándome en las personas o en las tareas? ¿Cuál es mi para qué?

Recuerda el mantra: «nada bien, nada mal». Sin juicio. Si no estoy bien situado, la brújula no me llevará al lugar adecuado.

Recuerdo una ocasión en la que trabajamos con el equipo de una empresa de restauración. Entre sus filas contaban con un individuo muy retador, al que llamaremos Carlos, una persona muy resolutiva, de trato nada cercano y poco amable, que no paraba de ordenar a sus compañeros qué hacer, sin nada de tacto. Espero que hayas identificado a un rojo en su peor versión. Pues Carlos, como buen rojo descentrado, decidió que era amarillo, porque le gustaba más. A pesar de las explicaciones recibidas durante la formación, los *feedback*s de sus compañeros y el resto de evidencias, él se mantuvo en su decisión de ser amarillo, y empezó a aplicarse las instrucciones para la mejor comunicación para ese color, que incluyen un cambio de foco hacia el control del proceso y resultado y menor necesidad de caer bien y buscar reconocimiento... Os podéis imaginar lo que sucedió, la convivencia con Carlos no fue posible y al final decidió dejar ese trabajo y buscar otro donde le comprendieran mejor. Cuán importante es mirarse bien al espejo y saber reconocer qué hacemos y cómo lo hacemos. Si se hubiera situado mejor, la brújula le habría funcionado. No dejes que lo que desearías ser te impida ver lo que eres. No dejes que el juicio sobre lo que debe ser, lo que está bien o lo que te hace ilusión te lleve a autoengañarte. Sería como hacerse trampas al solitario. Seguro que eres una persona válida y maravillosa, independientemente del color con el que puedas identificarte.

El ser de un color en ningún caso te impide aprender nuevas formas de actuar que te sean más útiles. De hecho, al tenerte bien identificado, te será más fácil encontrar los motivadores para ese aprendizaje.

LOS ESTILOS PUROS

Con todo lo anterior en mente, empecemos a definir cómo sería el comportamiento de una persona que tuviera una alta presencia de cada color.

Empezaremos por un D puro, el rojo, y le definiremos como «resolutivo». Como hemos dicho, su don natural es la toma de decisiones, y al tener el foco claro en un punto, su objetivo, se manifiesta como una persona directa, determinada, resolutiva, organizada, sincera, transparente, valiente, etc.

Cuando quieras saber la opinión de alguien con este perfil, simplemente pregúntale. Tendrás tu respuesta sin paños calientes. Eso te va a permitir situarte, aunque no garantiza que te guste lo que escuches.

Es la persona que queremos tener al lado cuando hay que alcanzar resultados, ya que tiende a tomar el mando y a actuar con firmeza. El rojo nos mantendrá en la perseverancia, no hay espacio para rendirse, una batalla acaba cuando se ha ganado.

Si le planteas un problema, encontrará la solución. Para alguien resolutivo no hay problemas como tal, sino temas a resolver. El resolutivo aceptará la responsabilidad. Tomará la iniciativa cuando nadie esté dispuesto a hacerlo y empujará a su equipo para que entre en acción.

No olvidemos que estamos hablando de personas y, por tanto, todo es opinable. Si bien es cierto todo lo anterior, también lo es que mucha gente puede interpretar desde su bajo D que los resolutivos son mandones, arrogantes, que no escuchan, que presionan demasiado, pueden parecer impacientes con la indecisión y la lentitud.

Como dijo Ramón de Campoamor: «Nada es verdad ni mentira, todo depende del color del cristal con que se mira».

Otro perfil puro sería el que se sitúa en la I, el amarillo, también podemos llamarle «carismático»; es aquella persona que es comunicativa, expresiva, simpática, que genera una experiencia agradable allá donde va, que es entusiasta, disfruta y genera situaciones agradables para todos, y todo esto de forma espontánea y flexible. Le encanta socializar, inspirar y conectar con los demás.

Vivir con alguien carismático es una experiencia divertida, tu vida estará llena de historias que contar. Es esa persona que nunca desfallece en animarte, alentarte y motivarte a hacer lo que sea. Siempre va a creer en ti, o esa es la sensación que vas a tener a su lado.

El precio a pagar para disfrutar de su presencia es aceptar que pueden resultar exagerados, histriónicos, dispersos, protagonistas, que van a necesitar constante reconocimiento y seguramente van a perder la noción del tiempo. Pueden descuidar los detalles en favor de la relación, y a veces eso puede resultar un problema.

¿Y quiénes son los que los ven así? Efectivamente, los que tienen bajo el amarillo en su perfil. Otra vez traeríamos a Campoamor y su «depende del color del cristal con que se mira».

Cuando carecemos de algo, nos suele resultar doloroso verlo en los demás. Si yo quisiera ser más alegre y decidido y lo veo en ti, algo en mí me dolerá para hacerme ver mi carencia... No me duele tu alegría, si no mi dificultad en conectar con la mía. Esto se aplica con cualquier característica o color. Pasemos a describir cómo sería una persona con puro S en su perfil, solo verde, podríamos llamarle el «estable».

Nos encontraríamos ante alguien confiable, empático, trabajador, leal, paciente, comprensivo, sensible. Sería ese mejor amigo que necesitamos cuando hay una situación que nos atormenta y queremos compartirla con alguien. El estable nos va a escuchar, a comprender y a proteger. Pondrá su empatía en acción para hacer lo posible para reducir nuestro sufrimiento.

Por eso son básicos en los equipos, al querer vivir en paz y armonía, tenderán a hacer de pegamento entre las personas, a generar una cohesión entre todos, una unión flexible que mantenga la individualidad y que, a su vez, tome sentido en la pertenencia. ¿Te has peleado con alguien? El verde te consuela, te comprende y, sutilmente, hace que comprendas al otro. **Resultado final:** tema superado (o al menos un buen intento para ello).

¿Cuál es el precio a pagar? Aceptar que son personas que viven en la zona de confort, que se resistirán al cambio y que ante un conflicto se meterán en su caparazón y no saldrán hasta que no haya escampado. Si les manipulas y los llevas a hacer algo que no les apetece, su reacción podría ser vengativa, aunque lo hayan aceptado con una sonrisa en la cara. No vas a tener de ellos una decisión firme y rápida, y cuanto más se la exijas, más reacios van a ser a dártela.

Acabamos la ronda de perfiles puros con los azules, los que solo tienen C y por tanto son «perfectos».

Son esas personas metódicas, profesionales, analíticas y orientadas a la calidad, que tienen el don de escuchar cualquier pensamiento complejo y lo saben descomponer en elementos más simples, describiendo las fases y recursos necesarios, sabiendo qué va antes y qué después, pero, sobre todo, qué puntos débiles hay en ese pensamiento. Su talento estriba en detectar dónde puede estar el error para evitarlo. Son claros, precisos, competentes. También son reservados, preferirán analizar a tomar la iniciativa de hacer. Viven en la razón y en el juicio. Tienden a clasificarlo todo como correcto o incorrecto.

Los distinguirás en una discusión por sus argumentos sólidos y abundantes, soportados con datos y evidencias. No los marees con opiniones o sensaciones, ellos prefieren contrastar, eso los lleva a asegurar su supervivencia, sienten seguridad cuando pueden entender el porqué de las cosas.

A las personas con bajo nivel de azul en su perfil les pueden resultar fríos, calculadores, cuadriculados o incluso críticos. Con tendencia a la parálisis por análisis. Para un azul, podría pasar que nunca haya datos y evidencias suficientes para estar plenamente convencido de algo y optar por seguir buscando en lugar de confiar en su intuición. Puede mostrarse crítico o exigente consigo mismo y con los demás.

LOS MATICES: COMBINACIONES Y FLEXIBILIDAD

Pero está claro que no hay solo cuatro tipos de comportamiento, hay tantos como personas. Esta metodología pretende ser simple, pero no tanto.

Por mi experiencia analizando test, cada ser humano suele ser una combinación de varios colores. Si en lugar de entender el modelo DISC como cuatro etiquetas o puntos fijos lo entendemos como una brújula, podremos situar a la gente, a modo de ejemplo, al noroeste como lugar entre el norte y el oeste, de la misma forma que podemos ver a alguien amarillo y al mismo tiempo también verde cuando contemplemos en él un foco claro hacia las personas y comportamientos tanto proactivos como reactivos.

Al introducir el concepto de combinaciones, el análisis se vuelve mucho más rico. No es lo mismo hablar con alguien que está en el entorno verde-amarillo que con alguien del verde-azul, aunque en ambos casos tengan predominio de S (verde). Comprender esto nos dará mucha flexibilidad y aumentará nuestro repertorio de actuaciones a la hora de adaptarnos, ya que podemos encontrar incomodidades con personas que en principio son de nuestro mismo color, y es por tener el segundo color diferente al nuestro.

Así podemos encontrar otros perfiles combinando colores, que son muy frecuentes, como pueden ser las siguientes combinaciones mixtas.

Con Dominancia D en cabeza

Ya hemos descrito a las personas con un alto D como resolutivos, ahora contemplemos los matices que podemos observar en función del segundo color más presente en su temperamento.

DI (D + I): Dinámico

- El rojo-amarillo es una persona impulsiva, enérgica y motivadora. Le gusta liderar como buen rojo y lo hace con entusiasmo, su parte amarilla le llevará a contagiar a los demás con su visión.
- Veremos a un líder que tiene en cuenta a las personas para conseguir sus resultados, por eso las motivará. Aunque su foco principal sea el *qué*, también pondrá atención en el *con quién*.
- Como siempre, tenemos dos caras en la moneda y un perfil así puede tomar decisiones rápidas sin considerar todos los detalles. Dos colores de acción no dejan mucho espacio a la reflexión.

DS (D + S): Realizador

- El rojo-verde es un perfil *cruzado*, es decir, tiene características enfocadas en cosas tan opuestas como son el rápido y tareas del rojo y el lento y personas del verde. Atenderá alternativamente a una y otra parte, y será alguien determinado pero paciente, combinará acción con estabilidad. Secuencialmente observaremos a una persona que tiene una forma firme de buscar resultados y que también es considerada con los compañeros para lograr los objetivos.
- Su dificultad puede venir por tener conflictos entre el ritmo rápido y la necesidad de estabilidad. Su comportamiento será algo así como salir corriendo en pos del resultado y, en un momento dado, detenerse para ver si todos le están siguiendo.

DC (D + C): Implementador

- Exigente, decidido y metódico. Es alguien que quiere alcanzar los objetivos, pero no a cualquier precio, sino de la manera correcta, sin errores. Son grandes profesionales, ideales para puestos que necesiten acción con análisis: responsable de emergencias, bróker, inversor...
- Le gusta tomar decisiones basadas en datos y lograr resultados impecables.
- Puede volverse crítico o inflexible ante la falta de control, ya que dos colores racionales dejan poco espacio a la emocionalidad.

Con Influencia I como principal

Está claro que el perfil con alto I, el amarillo, tenderá siempre a mostrarse como inspirador, como el responsable del buen rollo que haya en el grupo, pero al incluir el segundo color de su perfil, podemos observar nuevos matices.

ID (I + D): Impulsor

- El amarillo-rojo es un perfil emprendedor, comunicativo y decidido. Si en su momento describimos al amarillo como alguien con mucha energía pero con falta de foco, este perfil amarillo-rojo consigue centrarse un poco más en un objetivo usando su fortaleza, que es la inspiración, para alcanzar las metas propuestas.
- Le motiva crear, influir y ver resultados rápidos. Su foco seguirá en las personas, aunque su manera de mostrarse contemple más la acción orientada a la consecución de objetivos y no solo la inspiración.
- Puede ser disperso si no canaliza bien su energía, y al igual que el resto de combinaciones que habitan la parte alta de la tabla, el riesgo que tienen está en la falta de reflexión antes de entrar en acción.

IS (I + S): Integrador

- Cuando el perfil amarillo se complementa con el verde, amplía su abanico de respuestas, incluyendo una mayor empatía y escucha. Veremos por tanto a alguien sociable, empático y diplomático.
- Une a la gente y crea buen clima en los equipos, y lo hace de forma proactiva. No esperará que le vengan a contar que ha habido un conflicto, sino que procurará generar soluciones *motu proprio*, aunque, por su foco en las personas, puede evitar confrontaciones que serían necesarias.

IC (I + C): Estratega

- Volvemos a tener frente a nosotros un perfil cruzado, de los que actúan de forma secuencial de un modo y su opuesto. A ratos rápido e inspirador hacia las personas y, de repente, frena y analiza los hechos.
- Tenemos ante nosotros a alguien persuasivo pero analítico. La persona con este perfil, al tener de primer color el amarillo, seguro que tiene habilidades para comunicar con eficacia y al disponer de azul en su perfil esto le permite mantener el foco en la calidad.
- La cara B de la moneda coincidirá con la combinación de las flaquezas de cada perfil, y le puede llevar a dudar si siente que le falta información o aprobación.

Con Serenidad S predominante

El perfil verde, como hemos dicho, habita en la zona de confort, está feliz cuando vive en paz y armonía, pero la puede encontrar de distintas maneras, en función de qué color complementa ese verde.

SD (S + D): Dinamizador

- Si empezamos con el color opuesto, otra vez con un perfil cruzado, nos encontramos con alguien que es apacible pero decidido cuando hace falta. Podemos ver a la persona como tranquila y empática, pero con una determinación de fondo que hace que no suelte su objetivo, aunque aparentemente no lo defienda con vehemencia o determinación. Puño de acero en guante de seda.
- Como buen verde, trabaja con constancia y tira de rojo y actúa cuando los valores están en juego.

- Su talón de Aquiles está en tener dificultades si se le exige acción inmediata sin preparación, no olvidemos que el color dominante es el verde.

SI (S + I): Conciliador

- Al tener el foco claramente en las personas, su comportamiento se verá influido por la existencia de un tercero, con el que tenderá a ser amable, comunicativo y buen mediador. Seguro que es la persona a la que le cuentas tus movidas, porque tiene la capacidad de escuchar y de motivar y hacer sentir bien a los demás.
- Al disponer de un color de la parte baja (S) y otro de la parte alta (I) de la tabla, es decir, poder mostrarse reactivo y proactivo, pero siempre moviéndose dentro del mismo foco (las personas), sus acciones priorizarán la armonía, que no le vendrá dada, sino que tenderá a ser él quien la busque, sin perder el toque humano.
- Estaremos, por tanto, ante una persona tranquila que toma acción, que genera nuevas situaciones al tiempo que puede evitar decisiones firmes para no herir sensibilidades.

SC (S + C): Cuidadoso

- El cuidadoso es uno de los perfiles a los que yo llamo «doblepensadores». Nos encontramos ante una persona de apariencia calmada y tranquila, pero seguro que en su interior el pensamiento está en ebullición, porque debe idear cómo hacer las cosas sin alterar la paz y la armonía, y al mismo tiempo ¡obtener un resultado sin errores, perfecto!
- Para ello se tomará su tiempo antes de actuar, se mostrará paciente y al entrar en acción lo tendrá todo previsto, se mostrará metódico y orientado al detalle.

- Es la persona que querríamos tener a nuestro lado para tareas de soporte y control, pues las va a realizar siempre de la misma manera, generando una zona de confort que será muy profesional, sin errores. Pero, claro, todo tiene un precio, y este paisaje *idílico* es muy goloso y el cuidadoso va a tener mucho cuidado de resistirse al cambio por miedo a equivocarse.

Con Cumplimiento C al mando

CD (C + D): Perfeccionador

- El tener el foco en el azul (C) lo sitúa en el entorno de los perfeccionistas y al añadir el rojo (D) le reconocemos el poder de buscar activamente esa perfección. No solo sabe qué hacer, sino que lo hace.
- Esa seguridad en lo que sabe, porque lo ha analizado, junto con la comunicación directa del rojo lo puede convertir en alguien muy crítico, exigente y orientado a resultados, que serán buscados y conseguidos de forma impecable.
- Una persona con estas características puede tener poca tolerancia al error o la improvisación, y mostrarlo abiertamente.

CI (C + I): Refinado

- Es cuando hacemos las cosas como se tienen que hacer (C) de cara a los demás (I).
- El refinado es un estereotipo de persona que tiene un comportamiento marcado en primer lugar por el azul, por lo que será preciso, y reconocerle esa parte inspiradora de relación con los demás lo puede situar en un entorno diplomático y al mismo tiempo creativo.

Combina el pensamiento analítico del azul con la influencia sobre los demás del amarillo, aunque de expresión elegante.

- El juicio sobre lo que entiende que se espera de él, o sobre lo que está bien o mal en ese entorno, es lo que da base a su comportamiento, así que puede verse limitado si siente que pierde el control o la claridad en el proceso.

CS (C + S): Especialista

- El especialista es el otro de los perfiles «doblepensadores». Si el SC pensaba primero en la seguridad y después en la perfección, el especialista inicia el camino por el otro lado, dando prioridad a la perfección y atendiendo a la seguridad y la estabilidad en segundo lugar.
- Volvemos a estar ante un estereotipo calmado por fuera y con mucha vida interior. Se mostrará ordenado, constante y confiable.
- Será habitual ver cómo se enfoca en la calidad desde la calma y buscando la colaboración.
- Puede ser lento en adaptarse a entornos muy cambiantes, no son su plato fuerte, ya que tiene un perfil con los dos aspectos dominantes en la parte reactiva de la tabla. Eso lo convierte en un buen candidato para vivir cómodo en entornos conocidos y predecibles, y a estar estresado en ambientes de cambio frecuente que no pueda tener analizados.

Con todo este análisis de las combinaciones, seguro que hemos podido matizar mejor lo que observamos en nosotros mismos y en los demás y ya hay estereotipos que nos encajan mejor. Sin embargo, ojo, sigo opinando que esto es una tendencia y no una condena. Tendemos a cumplir mejor con las características descritas en alguno de estos perfiles, pero no olvidemos que somos personas y, por tanto, nuestras reacciones y comportamientos vienen marcados por factores complejos. Además, actuamos de forma diferente bajo presión, donde nuestra reacción es más instintiva que en estado natural, y para rematar la faena, también cambiamos nuestro comportamiento cuando nos adaptamos al entorno para satisfacer lo que creemos que este nos demanda.

Queda claro que el comportamiento no es un elemento rígido e inflexible que funciona de manera predeterminada, sino todo lo contrario, pues al hacer uso de nuestro libre albedrío y estar condicionados por nuestra genética, nuestras experiencias anteriores y nuestras creencias respondemos de una manera u otra a cualquier estímulo. Esta línea de trabajo dará para mucho.

¿Cómo prever lo que parece tan imprevisible? Dándonos cuenta de que, a pesar de ser imprevisible, tiene una tendencia, un para qué detrás que hace más probable un comportamiento que otro. Para eso el método DISC nos resulta muy útil... Todos somos distintos, pero previsiblemente diferentes.

LOS PARA QUÉ DE CADA COLOR, ¿QUÉ NOS MUEVE?

Estando en una sesión, me encontré con un *coachee* que no afinaba mucho con lo de la identificación de los colores. Tenía clara la teoría, pero al observar al otro, la mirada se le enturbiaba y atribuía mucho protagonismo y poder a determinadas conductas del otro, lo que hacía que las interpretara desde una literalidad que distorsionaba la apreciación. Se centraba en los hechos sin contemplar las intenciones.

Clasificando personajes de la famosa serie de los Simpson, sobre Marge Simpson expresaba que la veía roja porque se enfadaba con los niños o les ponía límites, o características azules como poner orden en la casa y organizar la familia... En mi opinión Marge Simpson es absolutamente verde. Si se enfada, es una verde enfadada; si ordena, es una verde ordenando; si decide, es una verde decidiendo... ¿Y qué tienen en común todos esos verdes? Su para qué. ¿Para qué usa el enfado? Pues para poner límites a la conducta de sus hijos y así educarlos mejor y convertirlos en personas mejores, es decir, ¡para cuidarlos! (seguro que ahora sí ves el verde). ¿Para qué ordena y organiza? Para cuidar de los suyos. Su objetivo, lo que la mueve, no es el orden en sí mismo, es el cuidado.

Con esto invité al *coachee* a releer las conductas de las personas que le costaba afinar desde la perspectiva del para qué, y *voilà*, se volvió una tarea fácil y coherente.

Te recomiendo que cuando vayas a clasificar a las personas, más allá del comportamiento, seas capaz de ver el motivador, la intención que hay detrás.

Para ayudarte en la tarea, veamos los principales motivadores de cada color.

El rojo tiene un motivador personal y para sí mismo sería competir y ganar. También tiene un motivador social positivo, que es llevar al grupo al objetivo. Como ves, sigue siendo importante apartar el juicio de nuestra observación y quedarnos con lo nuclear, con lo más cercano a los hechos que podamos.

El motivador personal del amarillo es ser reconocido como el generador de buen rollo de la sala. Y, obviamente, el social será que todo el mundo participe en ese buen ambiente. ¿Lo hago para mí o lo hago para ti? Qué más da, el hecho es que las acciones que tome el amarillo tenderán a ser para generar ese buen rollo, aunque tenga que tomar decisiones, escuchar a la gente con quejas o poner orden en la habitación.

Veamos qué quiere el verde para sí mismo: seguridad. ¿Y para el grupo? Paz y armonía, cohesión, no conflictos. Y en ocasiones para hacerlo puede tirar de enfado o de *protocolo*, y sigue siendo verde.

¿Qué desea el azul para sí mismo? Perfección, no cometer errores. Eso lo lleva también a lo que desea para el grupo: eficiencia (no eficacia, eso es de rojos). A veces para conseguirla puede hacer un discurso, dar una orden o dar seguridad a alguien, y sigue siendo azul...

Todos podemos tener todos los comportamientos, y la clave está en distinguir bien cuál es el motivo.

Por ejemplo, en el hogar, un rojo ordena la habitación para que lleve menos tiempo encontrar las cosas. El amarillo lo hace porque es divertido o porque se lo van a reconocer. El verde, para que no le riñan o porque siempre lo ha hecho el sábado por la mañana. Y el azul, porque el orden es necesario.

En la línea de producción, por ejemplo, puedes distinguir quién realiza una tarea de una forma determinada porque es más rápido, porque le han reconocido por hacerlo de esa manera en concreto, porque siempre se ha hecho así o porque lo manda el manual.

Mismo comportamiento, distintos motivadores.

LOS MIEDOS BÁSICOS

En la vida hay dos fuerzas que nos mueven: una es la búsqueda del placer; la otra, la huida del dolor.

Espero que tengas claro cuál es más fuerte de las dos.

Por si hubiera alguna duda, te cuento una historia:

Un explorador que caminaba por el desierto llevaba un par de días sin comer y de repente, a lo lejos, en medio de la nada, vislumbró una palmera datilera. Coincidirás conmigo en que eso es un placer y que lo razonable era que nuestro explorador se pusiera en camino hacia la palmera.

Hasta aquí todo bien.

Sin embargo, a medio camino, nuestro explorador se encontró con un tigre que estaba entre él y la palmera. Lo miró con los mismos ojos golosones con los que él contemplaba los dátiles. El tigre pensó para sus adentros: «Llevo dos días sin comer ¡y por ahí viene la merienda!».

¿Cuál sería la reacción más razonable?... No sé tú, pero yo salgo por piernas. El instinto de supervivencia siempre reacciona más hacia evitar dolores (subsistir) que a conseguir placeres (disfrute, crecimiento...), es algo atávico.

Bueno, pues hay una serie de *dolores*, que vamos a llamar miedos básicos, que son específicos de cada color. Cualquiera de ellos es no deseado, pero para un color en concreto suponen una dificultad mayor, se encuentran en un punto más alto de la pirámide de cosas a evitar.

La pérdida de control o que se aprovechen de él es el miedo básico del rojo. Le afecta más que el resto de los que vamos a observar, porque atenta contra su necesidad más profunda. Me explico: el rojo vive para alcanzar objetivos. Para ello cuenta consigo mismo, tomando decisiones, y después con los demás. La mayor parte de la confianza, de su *poder*, se basa en la creencia loca de «Yo soy capaz de cambiar la realidad para que se adapte a lo que quiero».

Perder el control, en el sentido de «Ya no estoy al mando» significa para él estar expuesto a las capacidades e incapacidades del otro. Y eso va en contra de su naturaleza. El rojo lidera, no es dirigido. Por tanto, cualquier cosa que signifique perder el control va a ser inmediatamente rechazada.

A modo de ejemplo. Un compañero con un perfil muy verde convivía con el hijo de su pareja. Un encanto de niño, y muy rojo. Por la mañana, cuando era la hora de vestirse para ir al cole, mi amigo se acercaba al niño con el chándal preparado con mucho amor (que para eso es verde) y le decía: «Vístete y bajamos a desayunar».

¿Cuál era la respuesta del niño? «No».

A partir de ahí, en el interior de mi amigo verde se producían una serie de explosiones y secuestros amigdalinos. Pensamientos del tipo «Yo soy el adulto y tú eres el niño y tienes que obedecer», «Yo soy la autoridad», «Maldito crío», etc. El resultado final era que acababan discutiendo, que se ponía el chándal entre gritos y el día empezaba fatal. Fatal para mi amigo, claro. El chiquillo cambiaba el *mood* en pocos segundos y aquí no ha pasado nada. Pero el adulto ya estaba cruzado para el resto del día. Ventajas de ser niños.

¿Qué estaba sucediendo? Que el niño sentía (y con acierto) que perdía el control, que no podía decidir, e instintivamente luchaba para mantener el control. No era personal, no era que no quisiera ir al colegio o que no le gustara la ropa deportiva. Era simplemente un instinto más fuerte que él que le pedía que luchara por su autonomía, por su capacidad de decisión.

Solución: tras aprender DISC, mi compañero se dirigió al niño con dos chándales en la mano y le preguntó «¿Cuál de los dos te vas a poner, el azul o el rojo?», a lo que el pequeño respondió de forma inmediata: «El rojo». Fin de la discusión.

Es una solución del tipo «¿Vas a hacer los deberes antes o después de comer?», «¿Quieres garbanzos o lentejas?». Y llevado al mundo profesional: «¿El señor quiere la joya en caja de cartón o de madera?», «¿Quiere llevarse el pedido usted mismo o se lo mandamos a su oficina?». Es efectiva si se usa pocas veces, porque el rojo es rojo, pero no tonto.

Hay más estrategias que compartiré más adelante cuando hablemos de motivación por colores que también pueden ayudar a gestionar situaciones difíciles.

Lo que le pasa al rojo con la pérdida de control, le sucede al amarillo con la pérdida de la estima social. Recuerda que el amarillo vive para generar buen rollo. Su instinto le lleva a ser el centro de todo cambio que suponga diversión o bienestar para el grupo. Su necesidad es gustar e influir sobre los demás. Su creencia loca es «Yo soy el que llevo la alegría a donde quiera que voy, y por eso el mundo es un lugar agradable».

Haciendo uso de mi lado amarillo, mis talleres son interactivos y divertidos; buscan llegar al aprendizaje desde la experiencia, y con la diversión como bandera. Recuerdo en mis primeras formaciones haber «cortado las alas» a algún alumno que se venía arriba. Yo era joven e inexperto, y también bastante más inseguro que ahora. Mi verde no ayudaba mucho a eso. En cuanto alguien se emocionaba con las dinámicas y empezaba a participar demasiado, a tomar protagonismo empujado por su amarillo, a mí me entraba el miedo a no poder controlar la situación y a que parte de los asistentes se sintieran incómodos. ¿Qué hacía? Primero ignorarlos *pasivamente*, más tarde incluso lanzaba alguna mirada de rechazo buscando que entendieran sin mucho ruido que lo que hacían era demasiado para mí. Entonces se quedaban callados. Yo pensaba que habían entendido lo que les quería transmitir y seguían disfrutando de la formación desde un lugar más sereno. Pero no, no era así. Lo que sucedía era que pensaban que yo les había dejado en mal lugar y de repente se sentían incómodos, por lo que *abandonaban* el taller. Les había hecho sentir su miedo básico y los había perdido como alumnos.

Solución: con el tiempo aprendí a usar ese protagonismo en favor de lo que estábamos trabajando, los pongo de ejemplo del comportamiento amarillo, y canalizo ese afán de protagonismo en favor del proceso de aprendizaje. Lo que era un problema se convirtió en una solución. Solo dejé de pisar su miedo básico.

Para los verdes, ese miedo básico es el conflicto o el cambio. Las cosas que atentan contra su necesidad de vivir en paz y armonía, de sentir la seguridad de esa zona de confort predecible, donde uno sabe lo que va a suceder, aunque no le guste.

Las ideas locas que sustentan el comportamiento del verde son «En la repetición de lo conocido está la seguridad», «Si me adapto a los demás sin quejarme ni generar incomodidades, me aceptarán». Por eso, cuando surge un cambio inesperado, la primera reacción es de miedo. «Cuidado, que pueden dejarme fuera del grupo». El mecanismo ancestral de supervivencia se activa y uno se aferra a lo conocido.

El ejemplo ilustrativo que me viene a la cabeza es el de Luis. Uno de los zapateros de la fábrica familiar. Yo era un niño cuando mi padre y su socio decidieron construir una nave industrial y modernizar la línea de producción.

Hasta ese momento, Luis había montado los zapatos uniendo el corte a la horma, tensándolo con unas pinzas y clavando los clavos que aguantaba entre los labios con el martillo. Su maestría la había adquirido con el paso de los años y de cientos, miles de repeticiones.

A Luis le compraron una máquina que hacía la misma operación sin intervención humana. El solo debía verificar que los cortes correspondían con las hormas y el pedido. La máquina hacía el resto.

¿Sabes lo que hacía Luis con todos y cada uno de los zapatos que salían de la máquina? Les daba unos golpes con el martillo.

Con eso lo máximo que conseguía era arruinar algún que otro par. La máquina los dejaba perfectos. Luis no podía evitar usar el martillo. Era como siempre se había hecho y no quería cambiar, le daba miedo que se perdiera la calidad de su trabajo.

Solución: como yo era muy joven no participé en ella, pero si lo tuviera que gestionar hoy, trabajaría codo con codo con Luis para que él se diera cuenta, a su ritmo, anticipándonos a la instalación de la máquina, de que ese proceso también da buen resultado. Juntos, le ayudo, le genero seguridad. (Para los verdes, la clave casi siempre está en hacerlo juntos y ayudando).

Cualquier cambio que deba plantearse a un verde, hacerlo con tiempo, acompañándole, garantizándole que todo va a estar bien. No hace falta dar información sobre la parte técnica, se trata de acompañar las emociones.

El acompañamiento en la parte técnica sería necesario para el azul, cuyo principal miedo es la existencia de un error. ¿Puede haber algo peor?

Pues sí, que el error sea suyo. ¿Puede haber algo peor?

Pues sí, que el error sea suyo y que otro se dé cuenta y lo diga.

Eso es la crítica, el infierno para los azules. Cuando son objeto de crítica, aunque sea un comentario en referencia al resultado de su trabajo, dejando al margen su habilidad y lógicamente su manera de ser, ellos lo viven como un ataque directo a su persona.

Mi madre era una azul de manual. Para ella había una manera de hacer las cosas, y solo una, que por cierto era la suya. Si se seguía, todo funcionaba, y si no, todo fallaba. Pero a veces, incluso aplicando su sistema, algo no salía bien... La vida es eso que va sucediendo mientras tú haces otros planes.

Si intentábamos decirle a mi madre que se había equivocado, su reacción era tan intensa que a veces preferíamos vivir con el error antes que con las consecuencias de una crítica.

Con el tiempo fuimos aprendiendo la solución. Ampliarle los datos, no cuestionar lo que ha hecho, incluso darlo por bueno sin serlo, y al mismo tiempo hacerle notar que algo no está yendo bien. Si teníamos claro qué había originado el fallo, lo dejábamos caer para que ella pudiera *descubrirlo* e incorporarlo a su proceso por sí misma, sin sentirse criticada por ello.

Parece trabajoso, pero mejora mucho la convivencia, te lo aseguro.

CAPÍTULO 7

Descubre el estilo del otro: El segundo paso hacia las buenas relaciones

Una vez hayas hecho uso del espejo y conseguido saber dónde estás parado, lo siguiente es usar las gafas y saber ubicar al otro.

Para eso, en el mundo DISC hay infinidad de proveedores de test. Con ellos se puede conseguir un perfil desde muy simple hasta muy detallado. Estos test han ido evolucionando desde los iniciales de Milton Marston (creador de esta metodología), que los hacía en papel y los tabulaba a mano, hasta el día de hoy, donde es posible realizarlos a través de internet y obtener los resultados de forma inmediata.

Pero lo que yo pretendo en mi trabajo es que no dependas de un test para saber identificar los rasgos más presentes en el otro. Estarás de acuerdo conmigo en que, si al conocer a una persona lo primero que haces es invitarle a contestar un test, ¡tu círculo de amistades no va a ser muy extenso!

¿Qué propongo cuando hablo del método DISC? Entrenarte la mirada. Saber qué debes hallar en una persona para identificarla con un color u otro. Y una vez detectado, saber que tienes que seguir pendiente para confirmar o desmentir tu prejuicio. Etiquetamos, pero no nos casamos con la etiqueta.

Muchas veces en los talleres me preguntan: «¿Tú ya sabes de qué color somos cada uno?», y mi respuesta suele ser: «Ya me he hecho una idea de cada uno, pero seguro que alguien me sorprende». Y suele ser así. Mayoría de aciertos y siempre algún ajuste a realizar.

Lo mejor de este caso es que cuanto más fácil te sea darte cuenta del color del otro, significa que lo tiene más marcado y necesita más adaptación, necesita un idioma más *cerrado*. En cambio, cuando te cueste identificar porque no veas una tendencia clara, seguramente aciertes también y la persona no necesite una adaptación tan marcada, seguro que es más *políglota*. En cualquier caso, te invito a que sigas con el radar activado para ver en qué color es mejor hablarle para que te entienda.

¿QUÉ PODRÁS VER AL ESTAR ANTE CADA UNO DE LOS PERFILES?

A lo primero que debes prestar atención al estar frente a una persona es a su «tono corporal». La postura que tiene al estar de pie, sin hacer nada, simplemente estando presente. De esa postura sacamos mucha información.

¿Te ha pasado que te acercas a alguien y es como si te invitara a comportarte de una manera determinada? Hay gente que inspira competición; otra, diversión; alguna, confianza, y otra, profesionalidad o pulcritud... Cada uno de su padre y de su madre, todos distintos, pero previsiblemente diferentes.

Imaginemos que estás ante un D, un rojo. Seguro que su presencia será imponente. Cuanto más rojo, más imponente. Y ¿qué postura se asocia a «imponente»? Pues como decíamos en la mili: «Barriga adentro, pecho afuera, cabeza alta... con chulería».

Estaremos ante una persona de porte seguro, que transmite poder. Te debería venir a la cabeza cualquier superhéroe del estilo de Superman o de Wonder Woman, con los brazos cruzados o en jarras y la mirada fija y penetrante. La cabeza erguida, como si te mirara por encima del hombro o pudiera hacerlo. En cuanto se ponga a caminar, lo hará con determinación, con movimientos rápidos, firmes y con propósito, fijando la vista en su objetivo, en el lugar al que quiere llegar y de forma intensa y sostenida, retadora, invitando a quien se pueda cruzar en su camino a cederle el paso. Puede invadir el espacio del otro, pero no por agresividad, sino por ímpetu. Mucha energía enfocada en un punto.

Su tono de voz será firme, fácilmente audible. Y acabará las frases bajando el volumen (está claro que no siempre, pero ya sabes, esto es una tendencia, no una condena), para darle seriedad y énfasis a lo que dice, es como si indicara: «Con esto está todo dicho». Y si no ves a nadie así, ¿serás tú?

A diferencia de ellos, si te encuentras ante un I, un amarillo, esa energía no estará enfocada, sino proyectada o dispersa. Los amarillos también son muy enérgicos, bueno, yo los describiría más como energéticos y energizadores, por lo que verás a una persona con mucho movimiento, como si bailara o estuviera a punto de pasarle algo importante; su postura será abierta y expresiva, y la gesticulación, evidente, son de los que hablan con las manos además de por los codos. Su comunicación es su superpoder, y la usan tanto de forma verbal como no verbal.

Un amarillo considera que está quieto si no separa los pies del suelo. El resto del cuerpo estará en acción, probablemente acompañando a su mirada, vivaz y cálida, que en forma de faro va barriendo el espacio para contactar con la del otro. Busca hacer *match*, conectar con la persona y entablar una relación o tener una experiencia divertida, o al menos entretenida. Por eso su expresión facial será alegre e invitará a empezar una conversación.

Su tono de voz es fácilmente audible y rápido, con una agradable cantinela que invita a escuchar, y acaba las frases subiendo el tono, como invitando a que participes y lo disfrutes. El sentido del humor seguro que está presente.

Al ponerse en movimiento, se lleva con él esa actitud, camina de forma rápida pero no enfocada y observa lo que le rodea para no perderse nada.

Si has oído hablar del FOMO (*fear of missing out*), esto aplica totalmente en el amarillo, no hay evento del que no quiera formar parte, de hecho, con personas muy amarillas de mi entorno me pasa que son capaces de quedar con dos personas a la misma hora, pero en lugares distintos... si no gestionan bien su agenda, pueden ser generadores de anécdotas de este tipo. Porque para ellos es una anécdota, si el que lo vive es un azul, opinará muy diferente... Los amarillos también pueden invadir el espacio personal del otro, pero es por cercanía afectuosa. ¡Si les invades a ellos de vuelta serán felices!

Si al observar a otra persona notas que la experiencia es distinta, que bajamos la intensidad, lo más probable es que estés plantado ante un verde. Lo primero que podrás observar es que su tono corporal es relajado, da la sensación de que quiere ocupar menos espacio del que realmente ocupa, y al mismo tiempo estar accesible, sin tensiones. La expresión será suave, con una mirada cálida y gestos suaves, y una sonrisa que invita a comunicar. Su cabeza ligeramente ladeada es una propuesta adicional a la comunicación, con eso te dice «Te estoy escuchando».

Gestos como asentir constantemente mientras escucha y mantener esa suave sonrisa son característicos del verde. El uso de las manos es moderado, y puede pasar, especialmente en entornos nuevos o de poca confianza, que tienda a meterlas en los bolsillos o ponerlas a la espalda, o tener los brazos cruzados, pero sin la actitud poderosa que le hemos atribuido al rojo, más bien como escondiéndose detrás de algo para sentirse más seguro.

Al empezar a caminar, veremos movimientos suaves, que no dan la sensación de mucha energía, y si cruzas la mirada con él, tras un instante de conexión, la apartará para no ser invasivo, salvo que tú empieces a interactuar, entonces te la sostendrá con cercanía y amabilidad, completando el conjunto con una bonita sonrisa y gestos para mostrar interés en lo que le cuentas.

La voz será suave, serena; el ritmo, pausado, y el tono, cálido. Son más de escuchar que de hablar, pero si lo hacen, tendrán un discurso *literario* y enfocado en la relación. Dejará que sea el otro quien determine el espacio personal, y si se siente invadido, probablemente aguante sin moverse para no molestar a la otra persona.

Por último, si estás frente a un azul, notarás una postura ergonómicamente perfecta: pies a la altura de los hombros, rodillas ligeramente flexionadas y espalda recta, mantendrá la postura el tiempo necesario y pasará a caminar sin mucho esfuerzo y sin mucho cambio. Una postura firme pero sin tensiones. Tendrá unos andares eficientes, es decir, movimientos rectos, direccionados, pero no serán para nada excesivos, más bien medidos y precisos.

La mirada, a pesar de que sea en faro como la del amarillo, tendrá otra motivación: analizar, ver qué obstáculos hay en el camino, si se va a cruzar con alguien, por dónde va a pasar cada uno, quién debe ceder el paso a quién...

Los gestos de las manos serán explicativos, conservadores y discretos, como el resto de su comunicación, incluyendo también la voz, que será monótona y controlada, con un ritmo regular y constante. Respetará el espacio personal y necesitará que se haga lo mismo con él, por lo que, si alguien le invade, se echará hacia atrás sin problemas.

ESTILO	COLOR	POSTURA	MOVIMIENTO	CONTACTO VISUAL	VOZ
D	Rojo	Firme, dominante	Rápido, enérgico	Intenso, directo	Fuerte, decidido
I	Amarillo	Abierta, expresiva	Dinámico, animado	Amistoso, buscador	Entusiasta, variable
S	Verde	Relajada, receptiva	Fluido, estable	Amable, sostenido	Suave, pausado
C	Azul	Recta, reservada	Preciso, controlado	Analítico, breve	Neutral, constante

LOS COLORES POR TELÉFONO

En ocasiones conocerás a alguien por teléfono y no tendrás opción de observar su lenguaje no verbal. Esto no te va a impedir que puedas realizar una buena identificación.

Traslademos el temperamento de cada color a una llamada, sin olvidar nuestros mantras: hablamos de colores y no de personas, y de tendencias y no de condenas. No vale que me digas yo soy de X color y no hago eso. Claro, pero tenderás a hacer algo parecido y, además, aparte de ese color concreto también tendrás un poco de cada uno del resto... En fin, que estas son ayudas a la identificación y no pruebas de cargo.

Imagina que la llamada es con un rojo, si tú eres quien la inicia, es probable que no la atienda. El rojo necesita sentir el control sobre lo que sucede y es quien decide lo que es urgente y lo que no, y tu llamada podría estar en esta segunda categoría.

Si contesta a la llamada, lo hará de forma directa, sin perder el tiempo en formalismos. Su respuesta será del tipo «¿Qué quieres?» o «¿Para qué llamas?», y formulará esa pregunta en un tono firme y seguro, y a un ritmo rápido que espera que tú sigas. Si no lo haces, probablemente él tome el control de la conversación y sea quien marque el ritmo y el contenido. Estás avisado.

Si ves que te escucha, no trates de empatizar con él, su atención no es interés personal, lo que hace es recabar información para tomar decisiones. Si le obligas a escuchar demasiado contenido «no útil», lo has perdido, así que sé breve, directo y ve al grano.

Mi consejo: prepárate la llamada antes de hacerla, con un objetivo claro y una petición específica. Eso te enfocará y hablarás en rojo.

La llamada será muy diferente si es con un amarillo. En ese caso, si no te atiende es porque está a otra cosa, y cuando contesta lo hace de forma entusiasta y alegre.

Notarás su amarillo en el tono de voz animado, que contagia su emoción. Seguro que empezará por algún comentario personal o algún chascarrillo que sirva para generar un contexto emocional divertido y buen rollo. La conversación será larga, fluida y abundante, a buen ritmo, y tratará varios frentes a la vez. Un poco caótico todo, pero animado y divertido.

Con este tipo de personas, el problema de la escucha no es su duración, como en el caso del rojo, sino su aparente ausencia... Tienen una escucha participativa, por lo que es probable que el amarillo, desde su entusiasmo y ganas de simpatizar, interrumpa, cuente su experiencia y tienda a llevar la conversación a su terreno para poder ser el protagonista. No creas que no te escucha, lo hace, pero al mismo tiempo te cuenta lo suyo. Y no pienses que es solo afán de protagonismo: su interés profundo es conectar, entusiasmar, que la conversación sea una experiencia.

Su punto fuerte no va a ser escucharte y dejarte hablar, así que tendrás que aprender a llevar la conversación desde la parte de la escucha, sin disputarle el protagonismo ni cortarle. En cuanto veas una oportunidad de ligar su discurso con lo que tú querías, engánchalo por ahí. Si le llamabas para pedirle un informe y acabáis hablando de su fin de semana, aprovecha y dile «Genial, con ese finde estarás cargado de energía y creatividad y me podrás acabar el informe en un pispás, que lo necesito para mañana...». Es un reto, lo sé, vivo con una amarilla.

Y recuerda, lo único que desea el amarillo es sentirse escuchado, valorado y estar entretenido. Mi consejo para este tipo de llamadas es que las inicies con calidez, haz alguna pregunta personal, valida sus ideas, permite espacio para la interacción libre, péscale desde su discurso.

¿Cómo podemos saber si la otra persona es verde? Bueno, lo primero es porque siempre te atenderá al teléfono. Y siempre es siempre, incluso cuando te lo coja para decirte que no te puede atender.

El principio de la conversación también es para establecer el clima emocional, pero en este caso no es de simpatía, sino que es relacional, se creará un entorno seguro donde compartir la conversación.

La persona verde, especialmente cuando no hay mucha confianza, va a preferir escuchar a hablar. Los verdes son geniales escuchando, por lo que resultan herméticos para saber lo que les pasa por la cabeza mientras lo hacen. Eso los diferencia de los amarillos, puesto que van *subtitulados*, son tan claros en su comunicación que les entiendes casi sin hablar.

Cuando el verde escucha, lo hace de forma empática, prestando atención y evitando interrumpir. Muy respetuoso con el ritmo del otro. Cuando habla, notarás un tono de voz suave, un ritmo pausado, como invitando a la confidencia.

Su interés en una conversación telefónica, al igual que en el resto de interacciones sociales, es crear relación, reforzar vínculos. A los verdes les encanta pertenecer y cualquier excusa es buena para hacer equipo con quien sea. Siempre mediando la paz y la armonía. La duración de la llamada va a depender más del otro que del verde, que se adapta. Y si tiene que elegir él, será ni muy corta (parecería desinterés) ni muy larga (por no molestar). En cualquier caso, el ritmo será tranquilo y sin presiones.

El *tip* para este tipo de llamadas está en el estado de ánimo. Habla con calma, muestra un interés sincero, no presiones ni vayas cambiando bruscamente de tema, cuida tu tono, que no sea agresivo ni perturbador. No esperes una respuesta contundente ni inmediata y, sobre todo, ¡no la exijas!

Ya solo nos queda reconocer al azul al teléfono. Son personas que, si no atienden la llamada, la devuelven. Como está mandado.

El saludo inicial será correcto y formal, y no generará demasiado contexto emocional, más bien encauzará rápidamente el tema. Lo reconocerás por un discurso estructurado y preciso, un tono de voz neutro y poco emocional y un ritmo controlado y constante.

Se interesará por los detalles, lo notarás por las baterías de preguntas que te irá realizando si la información no está completa para su gusto. El azul necesita profesionalidad, exactitud y cantidades ingentes de datos y evidencias. Por tanto, notarás que escucha atentamente, con una escucha analítica, y que no tiene ningún problema en recabar la información que le haga falta y las aclaraciones de lo que no le encaje al 100 %.

La llamada durará lo que tenga que durar hasta que el tema quede claro y estructurado, y no te sorprendas si en ese momento te pide un correo de resumen de lo hablado, ¡las palabras se las lleva el viento!

Si quieres causar una buena impresión, prepárate la llamada con profesionalidad, con todos los datos y evidencias que puedas recolectar. Estructura la información y ponla en contexto. Sé claro, no improvises. Mantén el tono profesional, evita exageraciones, exceso de sentido del humor o demasiada informalidad.

COLOR	INICIO DE LA LLAMADA	ESTILO DE ESCUCHA	INTERÉS PRINCIPAL	DURACIÓN IDEAL
Rojo	Directo, al punto	Funcional, impaciente	Resultados, control, eficiencia	Corta
Amarillo	Entusiasta, amigable	Participativo, puede divagar	Conexión, diversión, ideas	Larga
Verde	Cordial, pausado	Empático, atento, no interrumpe	Armonía, comprensión, confianza	Moderada
Azul	Formal, centrado	Analítico, detallado	Datos, lógica, estructura	Eficiente

LOS COLORES POR MENSAJE ESCRITO

También puede pasar que el contacto con esa persona se dé por escrito, ya sea por WhatsApp, correo o cualquier aplicación de mensajería que compartáis. En ese entorno también podemos encontrar indicios del color de la persona, ya sea por lo que escribe o por cómo lo hace.

Las personas de color rojo van a ir directamente al grano. Podemos esperar un mensaje directo, sin un saludo muy elaborado, o hasta sin saludo, y con poca información. Tan poca que a veces parece que el rojo cree que todos tenemos su misma información en nuestra cabeza.

Tampoco sería extraño hallar algún error de ortografía por teclear muy rápido y no revisar, o las típicas malas pasadas del corrector, porque el rojo no revisa para no perder tiempo. Toda la comunicación estará enfocada a la eficacia, a conseguir un resultado, a promover una acción. No dejará mucho lugar a la parte personal al usar un tono neutro o impersonal. Lo que va a esperar de ti es que hagas lo que te ha pedido. Sin más. Cuanto antes.

En el otro extremo está el amarillo. El que vive en estrecha sintonía con la comunicación.

Para el amarillo, una imagen vale más que mil palabras, por lo que preferirá la comunicación presencial; si esta no es posible, la videollamada, la llamada, el mensaje de voz y ya como último recurso, si no hay otra opción, el mensaje escrito.

A lo largo de la historia de la comunicación escrita, varios han sido los hitos que le han alegrado la vida al amarillo. El primero fue la aparición de las aplicaciones de mensajería instantánea que permitían la sincronía, es decir, la interacción inmediata. El segundo evento fueron los emoticonos, que le permitieron poner tono a los mensajes, hasta que aparecieron los audios (con lo que dejó de escribir) y por fin el ×2. ¡El doble de palabras en la mitad de tiempo! Claro que a ellos es difícil escucharlos en ×2 porque ya de por sí hablan muy rápido y si no eres amarillo como ellos, te va a costar trabajo seguirles.

Si dejo aquí la pregunta de «¿Cuál es la duración máxima de un mensaje de WhatsApp?», solo si eres amarillo sabrás contestar por experiencia propia (los azules igual lo han leído en algún sitio).

Si con todo esto tiene que escribir, será un mensaje *ilustrado* con emoticonos o imágenes, muy expresivo, con signos de exclamación. Tratará los temas como si estuviera hablando, de hecho, no te sorprenda que se lo haya dictado a la aplicación. Puede pasar de un tema a otro sin transición y tratará de que la lectura del mensaje sea una experiencia interesante, positiva y divertida. Tendrá una redacción que podemos definir como «natural», por lo cercana y simpática. Puedes perfectamente sentirte en una conversación al leer sus mensajes, por lo cálidos y efusivos que resultan.

Lo que va a esperar de ti el amarillo es que continues con la conversación, que le respondas y a ser posible ¡en el mismo tono!

Si los amarillos ven en la comunicación escrita un problema, los verdes y los azules ven una solución, pero por motivos distintos. Para el verde es una manera de comunicarse sin interrumpir, lo cual le parece agresivo, y para el azul es una buena manera de dejar la información por escrito, para que quede constancia y se pueda volver a consultar sin dudas ni errores.

El verde tratará la comunicación de forma empática, buscando, como siempre, la relación. Puedes esperar un saludo reflexionado, escrito específicamente para ti y para ese momento. Si pone «querido amigo», enhorabuena, figuras entre su lista de amistades más queridas, sino te habría puesto «apreciado amigo», «apreciado compañero» o «muy señor mío». El mismo mimo que pone en el saludo, lo pone en la despedida, y si dice «un abrazo», es que hay confianza para eso, de lo contrario pondría «saludos cordiales» o «atentamente». Ya sabes, nada es gratuito a nivel de relación para un verde.

El cuerpo del mensaje será literario y cercano. Seguramente hablará en plural, desde un nosotros inclusivo que te haga sentir parte de lo que se cuenta. Si hay peticiones, podrían ser poco claras o poco directas, del tipo «deberíamos vernos en algún momento», en lugar de «ocúpate de hablar con X y quedar con él aquí el próximo miércoles a las 17:30». Para un verde eso es muy agresivo, exigente, y podrías tomártelo mal (¡aunque lo que recibas mal sea la falta de claridad!) y cuando él recibe indicaciones de ese tipo (objetivos en forma de propuesta y en plural) ya entiende que son una orden para él. Y ya sabes, el error más frecuente del ser humano es pensar que todos son como él.

Por último, y no por ello menos importante, la comunicación escrita del azul. Un ejemplo a seguir. Va a ser absolutamente correcta, sin errores, ni gramaticales ni ortográficos, con la información centrada, estructurada, detallada.

El azul hará uso de todos los recursos para aclarar la información (cursiva, negrita, subrayado e incluso texto resaltado si fuera necesario). Si algo es realmente importante tú lo vas a notar.

Tipografía homogénea y profesional, listada en *bullet points* bien estructurados. Y saludo y despedida correctos y profesionales.

Lo que va a esperar de ti es que leas, comprendas y actúes en consecuencia.

COLOR	WHATSAPP / CHAT	CORREO ELECTRÓNICO	ESTILO DE REDACCIÓN	EXPECTATIVAS	TONO EMOCIONAL
Rojo	Breve, sin emojis, directo al punto	Corto, con puntos clave; puede usar lista o frases sueltas	Conciso, orientado a la acción	Respuestas rápidas, decisiones claras	Neutral o impersonal
Amarillo	Entusiasta, con emojis, gifs o signos de exclamación	Divertido, creativo, menos estructurado	Emocional, cercano, con expresiones positivas	Feedback, interacción lúdica	Cálido, efusivo
Verde	Cortés, con emoticonos suaves, busca conexión	Literario, amable, con saludos y despedidas cuidados	Agradable, empático, se preocupa por el otro	Seguridad, claridad, cercanía	Suave, considerado
Azul	Correcto, sin abreviaturas, sin errores	Formal, estructurado, detallado, ortografía perfecta	Preciso, analítico, revisado	Coherencia, lógica, profesionalismo	Reservado, objetivo

CAPÍTULO 8

La comunicación según DISC: Hablar para que te entiendan

Saquemos la brújula. Hemos aprendido a identificarnos (espejo), también hemos trabajado en cómo identificar al otro (gafas) y ahora es un buen momento para usar un poco la brújula.

LA CONVIVENCIA ENTRE COLORES

Imagina que estás conviviendo con alguien, y te resulta incómodo o difícil. ¿Qué puede estar pasando? ¿Qué puedo hacer para que vaya mejor?

Hasta hoy lo que podías hacer era echarle la culpa de todos tus males y esperar que, con tus quejas, al final, aprendiera a adaptarse a ti.

Ahora tienes en tus manos una herramienta poderosa, una especie de manual de las personas, que te permite entender y prever el comportamiento humano, y descubres dos realidades.

La primera es que ya no te hacen cosas. Ahora te das cuenta de que el otro actúa según su color, y tú lo interpretas según el tuyo. Fin. No hay intenciones ocultas, animadversiones o confabulaciones. No eres tan importante. Simplemente los demás son distintos.

Lo segundo es que puedes elegir dar otras respuestas. Es como si hubieras aprendido el idioma de todos y ahora pudieras dirigirte a cada uno de la manera que necesita.

Te invito a mirar la gráfica del método DISC para encontrar esas nuevas respuestas.

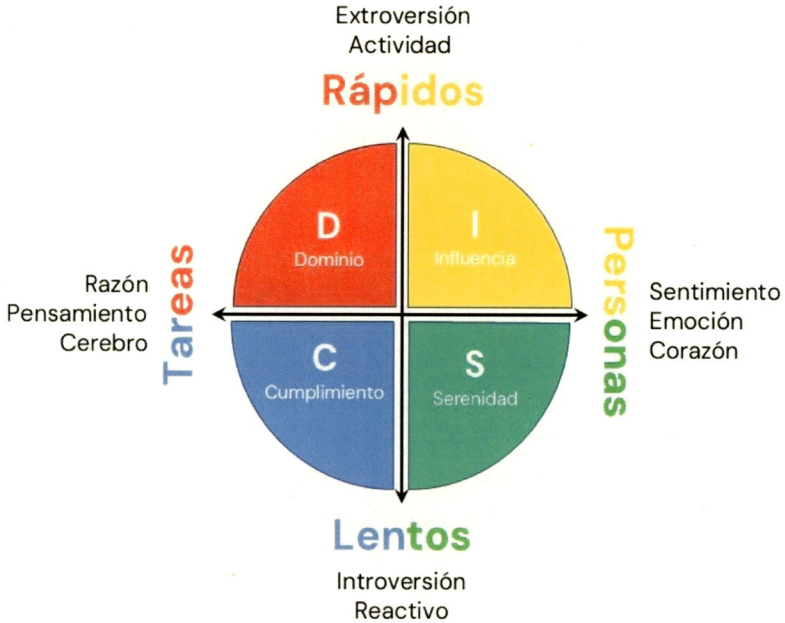

Para cada perfil, podemos observar que hay dos colores que están contiguos en la gráfica, separados solo por una dirección, el ritmo o el foco, y otro que está en la diagonal opuesta. Así podemos ver por ejemplo que el verde colinda con el amarillo y con el azul. Con el amarillo por la parte de personas (foco) y con el azul por lentos (ritmo).

Otra cosa que observarás es que hay dos diagonales, rojo-verde y amarillo-azul, que son combinaciones de colores que no tienen nada en común entre ellas, que son opuestas. A la hora de entender la facilidad o dificultad de adaptación, este factor es importante. Veamos el detalle.

Para un rojo, convivir con un amarillo puede tener un nivel de dificultad relativamente bajo y viceversa, ya que comparten ritmo. Ambos son rápidos en la acción, lo único que puede pensar el uno del otro es que está «mal enfocado». El rojo desearía que el amarillo estuviera más centrado en el objetivo, y este pensará que el rojo no disfruta del camino al resultado.

Algo parecido pasa entre el rojo y el azul, ambos enfocados en el control (proceso-resultado), pero uno actúa antes de pensar y el otro no entra en acción hasta que no lo tiene claro… La situación te la puedes imaginar: el azul sudando porque el rojo los pone en peligro con su precipitación y el rojo pensando que tanto análisis impide alcanzar el resultado deseado.

Si analizamos la relación entre el azul y el verde, nos encontramos con dos colores que se encuentran en el ritmo pausado, pero con focos cambiados, mientras el azul pensará del verde que se deja llevar por las emociones, el verde pensará del azul que es demasiado racional y no contempla la parte humana.

Algo parecido pasa al fijarnos en la interacción del verde y el amarillo. Ambos estarán de acuerdo en que el otro presta atención a lo más importante, la relación con los demás, pero el amarillo creerá que el verde no hace más que reaccionar y no actúa, con lo que no consigue cambiar nada, y el verde pensará del amarillo que tanta flexibilidad y cambio ponen en riesgo la estabilidad, la paz y la armonía necesarias en las relaciones entre personas.

¿Dónde se complica todo? Pues has acertado, en las diagonales, donde no hay punto de encuentro. Hay un libro escrito sobre el modelo DISC de título llamativo, *El hombre que estaba rodeado de idiotas*, que ilustra esa desavenencia en la diagonal rojo-verde. Si no ponemos consciencia en el «nada bien, nada mal», corremos el riesgo de que los rojos se refieran a los verdes con esa frase de «Los lentos me ponen nervioso y son un obstáculo para mis resultados», pensamiento correspondido de forma simétrica desde el bando verde con un «Estos dictadores no nos tienen en cuenta». Conflicto servido. Pero, y aquí sí voy a poner un «pero», este conflicto es sostenible, porque para el rojo está bien que el verde no decida y delegue en él, así mantiene el control; y para el verde está bien que el rojo decida, así tiene la falsa seguridad de que el responsable es el otro y no tiene por qué tomar decisiones, hasta tiene un culpable para los cambios que surgen en su vida. ¿Reconocéis a los jefes exigentes y a los empleados que se quejan? ¿A la persona dominante junto con su pareja más sumisa?

La otra diagonal es más compleja. Habla de la eterna guerra entre comercial y administración, entre lo que apetece y lo que es correcto. Los amarillos piensan de los azules: «No disfrutan de la vida y son un freno para las experiencias», mientras que desde el bando de los azules les corresponden con: «Así no vamos a ir a ningún sitio, esto es un sindiós y no alcanzamos resultados», y no hay reconciliación posible sin poner consciencia en la aportación de cada uno. Cuando administración entiende que sin comerciales no habría clientes y sin clientes no habría nada que administrar, y en paralelo comercial comprende que sin control no se podría dar un buen servicio y se perderían los clientes, en ese momento hay posibilidad de convivencia constructiva.

Cada color tiene un regalo para el equipo y si el rojo aporta empuje para alcanzar los resultados, los verdes aportan la cohesión necesaria para que el equipo se mantenga unido y trabajando. Si el azul se asegura de que los procesos se hacen de forma correcta y de que el resultado tiene la calidad deseada, el amarillo consigue que todos quieran repetir la experiencia. Como siempre, *balance is the key*. Si comprendes que lo que hace el otro que tú no harías (principalmente porque no te sale hacerlo) no es un problema, sino un complemento para ti y viceversa, hace que las relaciones pasen de ser distantes a ser colaborativas y complementarias.

AJUSTA TU MENSAJE A CADA COLOR

Voy a retomar al señor con falda de cuadros del que hablaba al principio del libro. ¿Recuerdas? Vas paseando por la calle y te encuentras con un hombre pelirrojo, que lleva una gaita y una falda de cuadros. ¿Cómo nos dirigimos a él? Mi propuesta es hablarle en su idioma, y si no lo sabes, en alguno que os encaje a ambos.

Bueno, hasta aquí hemos aprendido a diferenciar los perfiles de las personas por colores, ahora toca aprender su idioma.

¿Para qué? Dirás tú, si los dos hablamos en castellano, ¡que me entienda, que no es tan difícil! Bueno, llevas parte de razón, y si tienes suerte y la persona que tienes delante se ha leído este libro o alguno de similar o ha asistido a alguna de nuestras formaciones, a lo mejor podrá adaptarse a ti y te resultará más cómodo. Cuestión de suerte.

El caso es que tú, tras leer este libro, podrás borrar de tu repertorio aquello de «Trata a los demás como quieres que te traten a ti». Esa frase llevó a Manuel, el propietario de un quiosco de revistas frente al número 5 de Wall Street, a perder a uno de sus mejores clientes. John Smith, *broker* que opera en la bolsa de Tokio. Ocurrió un día que, a cinco minutos de la apertura del Nikkei, John fue al quiosco más cercano, que era el de Manuel, a por el periódico. Mirando fijamente a los ojos de Manuel espetó: «*The Wall Street Journal*, please».

¿Qué se encontró? Pues al bueno de Manuel, hombre familiar donde los haya, alcanzándole el diario mientras preguntaba por Mary, su esposa, que hacía tiempo que no la veía, y por los niños... y todo ello como le gusta al tendero, sin prisa, recreándose en los silencios que él llena de recuerdos... Sí, lo has adivinado, John estuvo a punto de estallar, le arrancó el *Wall Street Journal* de la mano y lanzó un billete al aire, sin esperar las vueltas. Se marchó muy contrariado y pensando que nunca más volvería a ese lugar. Al mismo tiempo, Manuel quedó sorprendido por su reacción y creyó que a lo mejor no le había dedicado la suficiente atención a la familia de John, ya lo hablarían distendidamente cuando volvieran a verse.

Manuel había tratado a John como a él le gusta que le traten, como le habían enseñado. ¿Cómo sería sustituir esa creencia por otra mejor? La que te propongo es: «Trata a los demás como necesitan ser tratados».

Si hay que tratar en función de la necesidad del otro, primero tendremos que saber la necesidad del otro. Para eso usaremos la metodología DISC e intentaremos identificar su color, de ahí su necesidad.

Vayamos al caso de nuestros amigos de Wall Street. Si nos fijamos en lo que sabemos de John, estamos ante un profesional dedicado a tomar decisiones de inversión en cuestión de segundos, compitiendo con el tiempo, que marca su éxito por los resultados obtenidos... Todo ello apunta claramente a un color: rojo.

¿Cómo es la comunicación de Manuel? Absolutamente relacional, enfocada en el otro, pausada y cercana... En definitiva: verde.

En diagonal, sin nada en común, ni el ritmo ni el foco. ¿Qué le podemos proponer a Manuel para hablar con John? Dos cosas: acelerar y enfocarse en el objetivo.

¿Qué le abría parecido a John algo así como «*Here you are* 'Aquí lo tienes'» al mismo tiempo que le tiende el periódico y con la vuelta en la mano para no perder tiempo? Seguro que mejor para John, ¿verdad? Pero poco natural en Manuel... Como cuando tenemos que hablar en inglés con el señor de la falda y somos de Cuenca. Pero el resultado final es mucho mejor para ambos. Nos entendemos.

HABLANDO CON UN ROJO (D)

La clave para comunicarnos con cada color está en entender las necesidades del interlocutor y atenderlas a la vez que tenemos en cuenta sus miedos básicos y los evitamos.

En nuestro ejemplo, las necesidades de John eran «objetivo cumplido con resultado rápido», respetando su control del tiempo.

Qué es lo que sí debemos hacer para comunicarnos con un rojo (D): ir al grano rápidamente, ser claro, específico y eficiente, mostrar seguridad y competencia, hablar de resultados y cumplimiento de objetivos concretos (esa es su necesidad), ofrecer opciones y no imposiciones y reconocer logros y visiones de forma auténtica.

Qué no debemos hacer: interrumpir innecesariamente, tomar el control del tiempo (disputándoselo al rojo, que es su miedo básico), enrollarnos explicando cada detalle que no tiene influencia o es relevante para lo que estamos hablando o desafiarlos frontalmente (salvo que estemos dispuestos a un debate intenso).

Es importante ser concreto y claro. No meter información que no sea indispensable, ya que la escucha del rojo es sintética, pues resume todo lo escuchado a lo que para él tiene utilidad. La información adicional no es más que ruido que puede generar malentendidos. Pasar de la frase «Hola,

¿tienes un minuto? Estaba pensando que, quizás, si no es problema, podríamos considerar una pequeña modificación en el proyecto, porque varias personas han mencionado que...» a «Hola, tengo una propuesta concreta para mejorar el proyecto. Son dos cambios clave que nos ahorrarían tiempo. ¿Te los puedo presentar en tres minutos?» va a marcar la diferencia entre que te haga caso o te ignore.

Con esas pequeñas adaptaciones (más pequeñas cuanto más alto tengas el D en tu perfil) te podrás entender bien con los rojos.

Si tu perfil es amarillo (I), puedes mantener tu ritmo, pero cambia el foco hacia el control, hacia lo que podemos hacer para conseguir resultados. Baja la expresividad y trata de decir lo mismo en menos palabras. El rojo te lo agradecerá.

Si eres verde (S) te tocará acelerar y enfocarte en lo que hay para el rojo (D), en la información que quieres darle, descartando prudencia, seguridad y emocionalidad. Se trata de encontrar la motivación para poder expresar de forma clara y directa, aunque eso, si eres verde, te resulte muy duro. El rojo se sentirá cuidado si lo haces.

Si tu perfil es azul (C), tu foco al locus de control le va a gustar al rojo (D), pero tu atención al detalle le va a parecer innecesaria. Trata de sintetizar todo lo que sabes y dar solo la información necesaria, ganando tiempo. Más adelante seguro que podrás profundizar si es necesario.

HABLANDO CON UN AMARILLO (I)

En el caso de que tu interlocutor sea un amarillo, el asunto funciona de forma diferente. ¿Qué suele suceder? Que quieres hablar con él o con ella y de repente el que habla es el amarillo.

Te darás cuenta de que estás ante un amarillo por su afán de participar en la conversación. Cuentes lo que cuentes, te va a contar su experiencia en eso. No lo confundas con necesidad de protagonismo (aunque algo hay de eso), sino que se trata de su forma de compartir el entusiasmo con lo que sucede, de demostrarte que te entiende y que simpatiza contigo porque sabe de qué le hablas.

Llevado al campo de la empresa, es el típico diálogo entre administración y comercial. Los de administración explican el procedimiento, cómo documentar los gastos o rellenar las fichas de los clientes; entonces el comercial les cuenta cada una de las visitas y por qué ese sistema no es posible, no encaja exactamente o la historia que ha acontecido con el cliente, ya sea para bien o para mal; será una charla extensa, llena de anécdotas donde el éxito de la venta parecerá depender de no hacer lo que se pide, o a lo mejor la historia versará sobre cómo el comercial ha conseguido la mayor parte de la información solicitada, que también les gusta que se les reconozca... En cualquier caso, si la conversación acaba aquí, no hay claridad. Para los azules será necesario añadir un resumen al final: «Entonces queda claro que...».

Qué es lo que sí debo hacer hablando con un amarillo (I): crear un clima optimista y positivo, de buen rollo. No escatimar tiempo social, hay que sintonizar primero. Importante entrar en *rapport*, es decir, compartir su entusiasmo y actitud positiva. Si puedes, utiliza ejemplos visuales y anécdotas, el *storytelling* les encanta. Reconoce (acuérdate de que es su necesidad) su creatividad, sus ideas. Hazle sentir incluido y valorado.

En una conversación con un amarillo vas a tener que estar muy atento a lo que dice y meter baza en cuanto se pueda, pero, ojo, sin disputarle el protagonismo, sin cortarle o hacerle sentir incómodo. Esas son algunas de las cosas que no hay que hacer, al igual que ser muy frío, lógico o técnico; saturar con detalles y papeleo o mantenernos en estructuras rígidas.

En casa yo soy el verde y Carola es la amarilla. Si pudieras escucharnos al hablar, descubrirías a un contador de historias, que trata de ser cercano y crear relación con la comunicación, y a una persona entusiasta, que contagia su energía a través de esa comunicación.

Ella siempre me reclama mayor comunicación, no olvidemos que ese es el hábitat natural de un amarillo. Lo que nos pasa es que, cuando empiezo a hablar, como mi ritmo es pausado y tranquilo, ella sin darse cuenta, y debido a su entusiasmo, empieza terminando mis frases y al final acaba hablando ella de nuevo.

Si quiero decir algo, espero que cuadre en su conversación, lo introduzco en el diálogo y dejo que ella continúe con la conversación.

¿Cómo nos adaptamos a ese tipo de comunicación? Pues el que es rojo no tendrá problema con el ritmo, aunque sí va a necesitar abrirse a lo que para él es una ineficiencia, ir saltando de un tema a otro, y probablemente recibir más información de la que desearía. Este espacio que se le da al clima de la conversación mejora la relación personal y es necesario para que el amarillo se sienta reconocido.

Si la adaptación la tiene que realizar un verde, le va a resultar más sencillo. Ambos están enfocados a las personas, así que el fondo de la conversación tenderá a ser parecido. Lo que sí deberá cambiar el verde es la intensidad de la conversación, tiene que intentar mostrar más entusiasmo por lo que dice el amarillo gesticulando más y acelerando el ritmo.

Quien lo tiene más complicado es el azul, que se encuentra en el extremo contrario. Si tu perfil tiene un alto C, las adaptaciones que debes introducir hablan de tu ritmo y tu foco. Para aumentar el ritmo, debes procurar no profundizar en los temas, especialmente en la parte técnica u operativa, lo que hará que la conversación sea más ligera. También tendrás que abrirte a una mayor expresividad y a conectar con mayor entusiasmo. En cuanto al foco, debes incluir aspectos personales, especialmente de estima social hacia el amarillo (reconocerle su creatividad, energía, carisma...).

Cambiar un «Necesito hablar contigo ahora, es urgente. Son tres cosas importantes que hay que revisar. Lo primero es...» por un «¡Hola! Me encantó lo que propusiste el otro día, fue muy creativo. Tengo una idea que podríamos trabajar juntos, creo que a la gente le encantaría. ¿Te puedo contar brevemente?» hará que la comunicación con un amarillo sea mucho más fluida.

Consejo adicional, al acabar las conversaciones es importante que hagas un pequeño resumen, a modo de conclusiones, ya que la escucha del amarillo es selectiva, presta atención a lo que le resulta interesante y puede no haberse quedado con lo que le querías decir.

HABLANDO CON UN VERDE (S)

La conversación, si tuviera que adaptarse a mí, a mi verde, debería ser más amable, pausada, paciente y considerada, dando tiempo para expresar lo que quiero decir, generando un clima de cercanía y escucha. Ese *storyteller* necesita acabar su historia, sentir que el vínculo se ha generado. El tono debe ser amable y cercano, que no suene exigente o confrontativo. Todo lo que huela a conflicto va a ser evitado por el verde.

El foco debería estar en la relación, por lo que te ayudará en la comunicación con el verde el hablar en plural, si lo haces se sentirá incluido e inconscientemente vas llevando la conversación al terreno de hacerlo juntos y la ayuda, que es el entorno donde mejor se encuentra el verde: pertenencia y zona de confort.

Qué sí debes hacer: dejar espacio y tiempo para expresar. Interesarte por la opinión o hacer preguntas abiertas tipo «¿Cómo crees...?». Si propones cualquier cambio, explica los porqués, cómo se verá afectado el verde y cómo se va a afrontar. Es importante que se sienta seguro. Reconoce su rol en el equipo de cohesionador y su compromiso.

Qué no debes hacer: presionar, pedir una respuesta inmediata, ser brusco, levantar la voz, interrumpir sin dejarle acabar (pensará que no te importa lo que dice y dejará de comunicarse), introducir cambios repentinos (su miedo básico) sin previo aviso. No subestimes su necesidad de estabilidad emocional.

¿Qué necesita un verde de cada uno de los otros perfiles?

Pues del rojo, que baje el ritmo y deje espacio a la relación. Si eres rojo y quieres acercarte a un verde, deberás empezar la conversación interesándote por la persona, escuchando genuinamente; tranquilo, el tiempo que inviertas se verá compensado cuando hayas generado confianza en el verde, ya que te seguirá con mayor facilidad. No dejes que tu necesidad de llegar al resultado te lleve a precipitarte y presionar, interrumpir o ser brusco con el verde.

La adaptación del amarillo es más fácil. Hay un gran territorio común en atender a las personas, solo que el verde lo hace a otro ritmo, por lo que, si eres amarillo y quieres conectar mejor, frena y deja espacio al verde.

El azul tiene el ritmo adecuado para el verde, como su foco estará en la racionalidad, en los hechos, el verde por su empatía va a necesitar saber sobre las emociones, sobre cómo se siente sobre lo que está contando el azul. Mi consejo es: dedica una parte del tiempo de la charla a conectar con tus propias emociones, eso te sintonizará con el verde.

Recuerda que la escucha del verde es empática, lo que hace que más que las palabras recuerde las emociones asociadas a la conversación.

Cambiar la frase «Esto tiene que cambiar ya. Necesito que me digas ahora mismo si estás dentro o no» por un «He estado pensando en un cambio que podríamos hacer en el equipo. Me gustaría saber qué opinas tú, porque valoro tu forma de ver las cosas. Podemos verlo juntos con calma». Hará que el cambio sea más llevadero por el verde y en lugar de tener un freno contarás con un aliado.

HABLANDO CON UN AZUL (C)

Por último, en esta ronda de reflexiones sobre la comunicación con cada perfil, nos queda la conversación con un azul (C).

La caricatura de una conversación con un azul sería: tú expones lo que le quieres comunicar, él pregunta, tú respondes, él pregunta de nuevo, tú respondes, entonces él vuelve a preguntar... Creo que has captado la dinámica, ¿verdad? Esto te va a pasar hasta que al azul le quede todo claro y entonces pedirá un resumen por escrito, para tener tiempo para pensarlo.

Bromas aparte, el azul en una comunicación tendrá una escucha analítica, por lo que estará muy pendiente de los hechos y evidencias que estés transmitiendo, para ver si encajan en sus registros. En caso de quedarle dudas, no tendrá ningún problema en preguntar hasta que todo esté claro.

Qué sí debo hacer con un azul: ser lógico, ordenado y prepararme la conversación (especialmente las profesionales), hablar con seguridad, con datos y evidencias, aclarando lo que quiero, es tan importante el cómo como el qué. Y respetar su espacio para pensar y tomar decisiones.

Qué no debo hacer: usar exageraciones o metáforas emocionales, inventarme respuestas (me va a pillar seguro), ser poco fiable, informal, demasiado expresivo o vehemente, exigir respuestas inmediatas, criticar sus preguntas o necesidad de aclaración (estarías tocando su miedo básico). Tampoco debes interrumpirle en sus procesos de pensar y procesar lo que le has contado.

¿Cómo se adapta cada perfil a una conversación con un azul?

Pues el rojo habla el mismo idioma, pero a otro ritmo, por lo que deberá dedicar más tiempo a dar detalles, contestar preguntas y contrastar hechos y evidencias.

Más difícil le va a resultar al amarillo, que aparte de hacer lo mismo que el rojo, deberá bajar la intensidad de su comunicación y tratar de no irse a temas personales o a anécdotas que no aporten a lo que se está hablando. También ayuda ser menos entusiasta y expresivo. La formalidad es importante para el azul.

El esfuerzo de adaptación para el verde habla de foco y no de ritmo. El verde da espacio para que el otro sea como es, por lo que estará cómodo en una conversación que se va centrando en distintos detalles que el azul parece apreciar. El reto podría estar en la gran racionalidad de la conversación, que le puede estar dificultando empatizar con la persona, además de entender los datos y evidencias.

Entonces cambiamos la frase «¡Vamos, no lo pienses tanto! Esto va a funcionar, confía en mí» por «He preparado un resumen con los datos principales y el análisis que respalda esta propuesta. Me interesa mucho tu punto de vista técnico. ¿Puedes revisarlo y comentarme si hay algo que mejorar?» y nos metemos al azul en el bolsillo.

Cuando me preguntan por la duración de las conversaciones, aparecen datos curiosos. Por una parte, la diagonal rojo-verde está en una dicotomía, cada uno está en un punto distinto. Los rojos prefieren conversaciones cortas y prácticas, mientras que los verdes las prefieren largas y emocionales. Cuando pasamos a la conversación del eje amarillo-azul, la duración no está polarizada. El amarillo querrá largas conversaciones y el azul no tendrá problema en alargar la conversación hasta que tenga claridad en el mensaje. Donde podemos localizar la diferencia es en la profundidad. El amarillo preferirá charlas superficiales y el azul profundas y detalladas.

Este es un buen momento para recordar que hablamos de colores y no de personas. Se puede dar el caso de que una persona sea amarilla y haga preguntas o de un azul al que un tema no le interese y lo trate superficialmente. No olvidemos que estamos hablando de personas, y cada uno es de su padre y de su madre. Todos somos diferentes, pero previsiblemente diferentes.

CAPÍTULO 9

Liderazgo con colores: ¿Qué tipo de líder eres?

Bueno, ya tenemos las pautas para una comunicación más eficiente. ¿Qué podemos hacer con eso?

Para mí, la comunicación es una especie de competencia común, necesaria para poder construir sobre ella el resto de aspectos de la relación.

En las familias sirve para expresar amor, respeto, admiración, organizarse, trasladar valores (con lo que se dice y con lo que no se dice), en definitiva, para reforzar los vínculos con las mejores relaciones posibles. Cuanto mejor sea tu comunicación, mejor serán tus relaciones.

En la parte profesional, la comunicación es el ascensor que nos lleva de la base, que es la construcción de confianza, al éxito.

Con una buena comunicación, en un equipo puedes dar *feedbacks* que ayuden a aprender, sin cuestionar, con lo que todos aprenden de todos y el clima que se genera es de confianza, entendida desde «Puedo mostrarme vulnerable (reconocer que no llego, pedir ayuda, mostrar desconocimiento) y no pasa nada».

Eso dará un espacio a las diferentes opiniones que, si son objeto de un buen conflicto de ideas, desde una comunicación efectiva, permiten que todos aporten su talento. Si sé que muestro mi pensamiento y es aceptado, siento que puedo expresar mis discrepancias con lo que suceda. A esto lo puedes llamar conflicto y este es bueno cuando es de ideas y la comunicación adecuada permite mantenerlo en ese entorno. Fíjate que, si cada uno se comunica desde su perfil sin dejar espacio al otro, vamos reduciendo la efectividad de la comunicación a las zonas comunes, solo hablo con el que me entiende (tiene un perfil similar al mío), por lo que no pongo a disposición de todos mis conocimientos, opinión, etc. Resultado: el talento se mantiene oculto.

Integrando la visión del modelo DISC consigo que los conflictos se traten de manera que se conviertan en oportunidades. De ese buen conflicto de ideas va a aparecer una propuesta que ya no sale unilateralmente de la dirección hacia abajo, sino que se abre a ser enriquecida con el talento de todos, y eso hace que ya no sea *su* propuesta, sino que se convierta en *nuestra*. Al formar parte de las propuestas, estas generan un mayor compromiso. Ese compromiso va a hacer que todo el mundo esté más dispuesto a aportar, las zonas grises no son evitadas, son asumidas. Todos están dispuestos a trabajar en pro de todos. Acabamos de generar un mayor compromiso con el proyecto.

Los compromisos adquiridos son conocidos por todos y sabemos quién tiene más facilidad para contribuir cada aspecto necesario. Podremos esperar de los rojos que aporten empuje hacia el objetivo; de los amarillos, motivación; de los verdes, cohesión, y de los azules, perfección. Si alguno de estos aspectos falla, usando el método DISC podemos motivar a cada uno, más adelante veremos cómo, para que aumente su aportación, o desde la confianza generada revisar los compromisos. Esto hace que el eslabón más débil de la cadena, que suele marcar su resistencia, esté protegido por eslabones más fuertes. Tendremos un equipo más motivado y más coordinado.

Desde esa posición de compromiso, y con la comunicación adecuada, podemos pedir responsabilidad a nuestros compañeros. La manera de pedir responsabilidad es a través del *feedback*: cómo yo me siento con lo que tú haces, lo aporto con ánimo de que mejores (para ti y para el equipo) y siempre evitando pisar la zona peligrosa, el miedo básico de la otra persona. El equipo se encarga de que el aprendizaje llegue a todos, con lo que el límite no está en el mínimo conocimiento común, sino en la suma de los individuales revisados desde muchas perspectivas. Tendemos un equipo con talento compartido en lugar de uno que sigue instrucciones sin aportar.

Con todo esto, los resultados son inevitables. El equipo se habrá liderado de la mejor manera posible y los resultados vendrán desde la aportación grupal, no desde individualidades. La diferencia os habrá hecho fuertes.

CÓMO LIDERAR SEGÚN TU PROPIO PERFIL

A estas alturas, espero que tengas claro que el liderazgo depende del color de cada persona.

Mi perfil va a marcar qué tipo de líder soy de forma natural, y el perfil del otro va a indicar qué liderazgo necesita, cómo puede ser motivado. Otro aspecto a considerar es el entorno. No es lo mismo liderar en un entorno de inestabilidad, por crecimiento o caos (sectores emergentes, alta tecnología e innovación, emergencias...), que en uno estable y maduro (sector público, empresas productivas tradicionales...).

Si eres rojo, tu estilo de liderazgo va a ser directo y decidido. No te vas a andar con rodeos, darás órdenes claras de qué hacer para alcanzar el resultado. Toda esa energía de la que dispones, enfocada en un punto que es el objetivo, mueve a cada uno para alcanzarlo. Es el liderazgo clásico ejercido por una persona que no tiene problema en tomar responsabilidad y asumir las consecuencias de sus actos.

El rojo es quien toma decisiones, aunque sean difíciles. Se siente con el control de la situación y cree firmemente que con sus acciones y decisiones puede cambiar la realidad conforme a sus intereses.

Sin duda, el color rojo es un aspecto necesario para liderar. Pero no es suficiente, alguno en el quipo puede sentirse incómodo con el ritmo marcado por ese liderazgo rojo. Ahora que sabemos DISC, no podemos obviar los otros estilos de liderazgo existentes, que serán necesarios en entornos y con personas determinadas.

Si el liderazgo rojo se enfoca con energía en el objetivo, el líder amarillo usa su energía, que es mucha, en mover a las personas. Si tienes alto I, eres amarillo y tu forma de liderar es influir sobre los demás. Seguro que eres inspirador y motivador. Desde tu fortaleza, que es la comunicación e influencia, consigues generar un estado de ánimo en tu equipo que habla de proactividad, ganas, entusiasmo, disfrutar de la experiencia. Todas estas actitudes te ayudarán a llegar mejor a los resultados, por tanto, el liderazgo amarillo debe ser tenido en consideración como una buena opción en entornos que requieran de aportación de los miembros del equipo de forma autónoma y no estructurada, pero con una visión compartida. Si todos saben dónde y cómo ir, ¡solo hay que darles un motivo para hacerlo!

El líder verde es un líder ejemplar, es decir, que actúa desde el ejemplo. Si eres un líder verde, seguro que si hay mucho que hacer te arremangas y te pones en acción, pidiendo al equipo que te siga, pero no desde la propuesta verbal, sino desde los hechos. Eres el primero en llegar y el último en irte. Tu invitación es «hagámoslo juntos», con ayuda de todos. Es un liderazgo muy útil en entornos estables y con profesionales competentes. Cada uno aporta lo que tiene y el líder simplemente cohesiona y propone. Si tienes una buena orquesta y una buena partitura, simplemente marcas el ritmo.

El liderazgo azul habla de normas y protocolos de actuación. Es muy útil en entornos maduros y estables (administración pública, empresas industriales...) donde los procedimientos pueden ser anticipados. Se antepone la organización a la persona, por lo que las competencias necesarias para los componentes del equipo son muy técnicas y no necesitan de creatividad o de independencia de campo. En estos entornos se trabaja desde la norma, no desde la confianza.

Con todo esto, ¿puedo ser un buen líder si soy rojo/amarillo/verde/azul? (Elige tu opción, la respuesta es la misma) Sí. Recuerda que esto es una tendencia y no una condena.

Con el conocimiento que vas adquiriendo seguro que puedes ampliar tu repertorio de respuestas con otras adecuadas al entorno y a las personas que lideras.

MOTIVA, GUÍA Y GESTIONA A EQUIPOS MULTICOLOR

Está claro que para que un equipo funcione, debe contar con todos los colores. Si falta alguno, el equipo adolecerá de algún síntoma, que será más o menos grave en función del entorno donde se desenvuelva. Si sobra, también tendremos síntomas.

Si en tu equipo hay ausencia de rojo, os faltará empuje para alcanzar los resultados. Podríais ser un equipo más conformista, con menos ganas de competir y ganar. Por tanto, esta es una carencia que no es adecuada para un equipo de intervención de emergencias, pero sería comprensible en un equipo de cuidadores infantiles. En el extremo contrario se situó Diana, una gobernanta de una empresa de servicios de limpieza para alojamientos turísticos. Tras la formación llegó a la conclusión de que, si todo su equipo era rojo, a su imagen y semejanza, llegarían al objetivo sin problemas, que era lo que le costaba (no olvides que el *leitmotiv* del rojo es alcanzar objetivos, y la vida no lo pone fácil y menos en ese sector). En el proceso de selección, simplemente contrató a todo candidato rojo que pasó por sus manos. Resultado final: a las dos semanas me llamaban para ver qué pasaba. Había aumentado la conflictividad laboral porque todo el mundo reclamaba, ya sea por querer organizar de otra manera, por sus derechos, por su horario... Ese es el resultado de un equipo donde se ha primado demasiado el fichar a personas que quieren alcanzar sus objetivos y descartado a las que cohesionan al equipo.

Si la ausencia es de amarillo, faltará comunicación, el ambiente será mucho más sobrio y no será una experiencia memorable y conocida por todos. No es adecuado para un equipo de *marketing*, comprensible en equipos de control de calidad y normativa ISO. Si nos pasamos de amarillo, la oficina puede parecer un club social y los compañeros, una pandilla. Ojo con las fechas de entrega, los procedimientos, el orden...

Si falta verde habrá tendencia al cambio y, como consecuencia, al conflicto. La cohesión no estará muy presente. Puede que alcancemos los objetivos siguiendo las normas y lo demos a conocer a todo el mundo, pero seguro que habrá tensiones internas y falta de cohesión. No apto para equipos de enfermeros o de cuidadores, comprensible en equipos de ingenieros de fórmula uno. Si nos pasamos de verde, el proyecto puede convertirse en una ONG o en una familia. Eso sí, de resultados ni hablamos.

Por último, si falta azul, la calidad y los protocolos pueden brillar por su ausencia, y a pesar de alcanzar el resultado de forma conjunta y hacerlo saber a todo el mundo, si falta azul puede significar que no sepamos exactamente cómo lo hemos logrado. Debe ser evitado en equipos de investigación científica, sin duda, y puede pasar en equipos creativos. Un exceso de azul convierte un proyecto en un entorno funcionarial en el peor sentido de la palabra. Ante cualquier petición se primará que se cuente con el documento adecuado, presentado de la forma correcta, en el formato previsto, antes que el motivo de lo que se está pidiendo.

Que pueda pasar que falte uno de los colores no indica que suplementar esa carencia no vaya a mejorar el equipo, todo lo contrario. Lo que sucede es que la cabra tira al monte, y cada uno busca una profesión que le encaje con su temperamento para no estar con estrés emocional toda la jornada laboral. El resultado de esta tendencia es que se agrupan personas con perfiles similares y puede que algún color no se sienta invitado a esa fiesta, aunque su aparición seguro que sería bienvenida (especialmente para los que se hayan leído este libro). Para cubrir esa falta, hay dos estrategias diferentes.

Una la llamaremos «estrategia Scarlett O'Hara»: «A Dios pongo por testigo que a partir de mañana voy a... (incluye aquí aquello que no te sale fácil, no se te da bien, pero parece ser necesario)». Esta estrategia tira de la fuerza de voluntad y no suele durar indefinidamente. Aunque haya teorías que digan que si haces algo durante veintiún días al final se convierte en un hábito, mi experiencia es que los hábitos que no nos suman al final se caen... Necesitamos un plan B.

El plan B es la otra estrategia, la llamaremos «estrategia sensei Miyagi». En este caso se trata de usar nuestra potencialidad, nuestra fortaleza, aquello que se nos da bien, para atender lo que nos falta o podemos mejorar.

Un ejemplo puede ilustrar mejor las dos estrategias. Yo no me caracterizo por ser muy deportista. Competir, ganar, mejorar marcas... no está en el *top ten* de los motivadores. La estrategia Scarlett O'Hara sería algo así como: «A partir de mañana me levanto una hora antes y me voy a correr», (tienes que imaginarme diciéndolo en tono autoritario y con el ceño fruncido, como dándole intensidad). Estoy intentando aumentar mi rojo impostándolo... *spoiler*: no suele funcionar.

¿Cuál sería la estrategia sensei Miyagi? Poner mi fortaleza (pertenecer y divertirme) al servicio de mi debilidad. ¿Qué tal si quedo con un grupo de amigos a jugar a *pickleball*? Aquí sí que pasados veintiún días ya tendremos la rutina hecha, el compromiso de vernos (y las ganas)... Hay más probabilidades de éxito con esta segunda opción, que es con la que trabajo con todos mis clientes. Creo más en la fuerza del disfrute que en la fuerza de voluntad.

RESOLUCIÓN DE CONFLICTOS: CONVIÉRTETE EN UN MEDIADOR EFICAZ

Es importante fijar una idea antes de continuar: el conflicto es bueno cuando es de ideas, no de personas. El conflicto de ideas nos lleva a la mejora, a la comprensión, al crecimiento. El conflicto de personas nos lleva a la pelea, a la discusión acalorada, a la separación.

Que no estés de acuerdo con otra persona en algo es lógico y natural, y poder poner encima de la mesa esa discrepancia te posibilitará sacar nuevos aprendizajes. *Solo* necesitas la humildad de escuchar al otro y la actitud de no juicio, es decir, no tomártelo como algo personal.

Primero, desconfía de esa película que te estás montando cuando escuchas al otro decir que no está de acuerdo. No es personal, es que él lo ve desde otra perspectiva. Si la tomas, ¡tu mapa se amplía! Segundo, evita abrir la puerta del infierno. Por si no lo sabes, el código que se usa para abrirla es «tú eres...». Detrás de un «tú eres» nunca viene nada bueno.

Cuando surja un conflicto, cada persona tenderá a tener una estrategia inconsciente para afrontarlo. Si eres capaz de observar a cada persona y descubrir su color, estarás en disposición de darle a cada uno su «para qué», evitando su miedo básico y, por tanto, la aparición o la agravación del problema, y al mismo tiempo se lo podrás comunicar de forma que lo entienda y la comunicación sea más fluida y la desescalada más rápida.

El rojo acude al conflicto con ilusión y ganas. Si es tu caso, este es tu entorno conocido, probablemente te sientas cómodo, ya que lo que te gusta es competir y ganar. Puedes adolecer de falta de escucha y tender a querer imponer tu voluntad por encima de la de los demás. Querrás terminar pronto y que te hagan caso.

La estrategia para sacar mayor rendimiento al conflicto precisamente es esta: que te des cuenta de que si escuchas tienes más opciones de sacar partido. Puedes ganar más por escuchar que por terminar el debate rápido e imponer tu voluntad.

Si actúas como mediador y hay una persona con alto D, usa su fortaleza (quiere salir ganando) para cubrir su área de mejora (es dogmático), y hazle ver que ganará más ampliando sus argumentos con los que le ofrecen que quedándose encerrado en los suyos (lo de encerrado es un poco manipulativo, lo sé, pero funciona).

La estrategia del amarillo será escurrir el bulto, evitar el conflicto. ¡Nada bueno puede salir de un lugar donde la gente se enfada! Si es tu caso y eres amarillo, disfrutas en ambientes de buen rollo; si se caldea y surge el conflicto, probablemente querrás eludirlo buscando salidas divertidas o cambiar de tema para evitar la tensión. Usar tu creatividad y simpatía para buscar puntos de encuentro puede ser una gran manera de generar nuevas y mejores soluciones. Como siempre, usa tu fortaleza (creatividad y flexibilidad) para ponerla al servicio de tu área de mejora (huir del mal rollo) y obtendrás lo que más te gusta: el reconocimiento.

Si actúas como mediador en un conflicto donde hay amarillos, procura que se sientan protagonistas de la solución. Eso les mantendrá conectados y constructivos.

Si lo que predomina en tu perfil es la S, tenderás a no discutir. Las personas con un temperamento verde son sumisas, acatan (aunque sea de mala gana) lo que les dicen para más tarde explotar en ese u otro entorno. No olvides que los verdes nos caracterizamos por tender al resentimiento y a la venganza... Perdonamos, pero no olvidamos.

Si actúas como mediador entre verdes, procura que se eviten subidas de tono, mantén la sensación de seguridad y haz ver al verde que por el bien del grupo (su fortaleza) debe quedarse y aportar sus opiniones, aunque sean contrarias a las que se están exponiendo (su área de mejora). Si tiene una opinión, seguro que es valiosa y estaría muy feo que se la guardara y no la compartiera.

Si tu perfil es azul, no tendrás problema en entrar en un conflicto de ideas, siempre que no se vuelva personal y, sobre todo, que no te sientas criticado en caso de que tu opinión sea invalidada, matizada o cambiada por otra. La capacidad analítica del azul, junto con su visión global, lo hace el compañero ideal en un conflicto para conectar ideas y conocimientos, para generar una nueva perspectiva que lo incluya todo de forma ordenada y coherente.

Si actúas como mediador en un conflicto donde hay personas con perfil azul, simplemente mantenlas a salvo de críticas y usa su capacidad de discernir en beneficio de estructurar la discusión y mantenerla en el mundo de la racionalidad y las ideas.

Espero que con todo esto, los conflictos se vuelvan aliados para ti y que los sepas gestionar sacándoles el mejor partido posible.

CAPÍTULO 10

Aplicaciones prácticas: De la teoría a la acción

HERRAMIENTAS Y EJERCICIOS PARA PRACTICAR EL MÉTODO DISC EN TU DÍA A DÍA

Recuerda los tres elementos que te brinda esta metodología: el espejo, las gafas y la brújula.

Te sugiero que te enfoques en practicar cada uno de ellos, empezando siempre por el espejo. Ya hemos mencionado que todo viaje empieza en el origen, y el origen de todas tus interacciones con los demás eres tú. Tener claro cómo eres te ayudará a darte cuenta de tus fortalezas y áreas de mejora. Por eso, cuando te suceda algo significativo, date cuenta de qué característica lo está propiciando.

A modo de ejemplo traigo una situación personal. A veces discuto con mi pareja por cómo debemos organizarnos. A pesar de ser ambos *coaches*, no estamos libres de eso. La diferencia viene de cómo lo gestionamos (y seguimos con áreas de mejora). Si yo me paro a pensar, tiro de espejo y me doy cuenta de que la característica de mi comportamiento que en ese momento está propiciando el malestar es mi falta de flexibilidad. En esas situaciones para mí solo hay una manera de hacer las cosas, solo una manera perfecta, solo una manera viable y, claro, es la mía... ¿Se puede ser más azul?

Segunda parte para la resolución de la situación, uso las gafas e intento descubrir qué le está pasando a ella. Qué parte de mi comportamiento la está incomodando, y puedo ver que esa rigidez choca frontalmente con sus ganas de improvisar, flexibilizar, tener una experiencia diferente... ¿Puede ser más amarilla?

Okey, asumida mi participación en la situación (rigidez) y el lugar donde la he herido (experiencia aburrida), analizo por qué se ha convertido en una discusión. Me puedo dar cuenta de que yo me siento criticado. Y, ojo, digo que me siento criticado, no que me esté criticando. Mi cabeza se monta una película (drama) donde lo que sucede es que todo lo que propongo es tratado como un error, y en su cabeza hay otra interpretación de los hechos donde ella no se siente reconocida, porque lo que necesita no es tenido en cuenta, ¿cómo arreglamos esto?

Brújula en mano, para ir del azul al amarillo busco un comportamiento que tenga características más cercanas al estilo de ella. Elijo aumentar la energía y el ritmo y cambiar el foco de lo racional a lo emocional. El resultado es algo así como: «Mi amor, comprendo que te apetezca hacer algo divertido y creativo; al mismo tiempo, yo necesito ser eficiente y no perder tiempo en descubrir nuevas formas. Me está preocupando que nos podamos demorar si lo hacemos de una manera que yo no controle, ¿qué te parece si esta vez lo hacemos como yo digo y a la próxima innovamos?».

Esto no garantiza que se haga lo que yo diga, pero sí ayuda a que el clima de la comunicación sea más cercano y centrado en las ideas, evitando meter a las personas en un lugar indeseado... No hemos usado el «Tú eres...» para nada y seguimos aprendiendo el uno del otro.

CÓMO INTRODUCIR EL MODELO DISC EN TU ENTORNO LABORAL

Si ponemos el foco en nuestra carrera profesional, podemos seguir disfrutando de lo aprendido. No solo es posible pintar las personas de colores, también las empresas y los puestos de trabajo.

Lo ilustramos con un ejemplo. Una gestoría, ¿de qué color te parece que es? *A priori* la respuesta correcta sería azul. La contabilidad, las finanzas y los impuestos tienen mucho que ver con la racionalidad, las matemáticas, las normas... y la presencia de otras personas no suele ser motivo de cambio de criterio o de operativa en ese entorno.

Recuerdo una formación en Menorca, en una gestoría con un pequeño equipo liderado por una pareja donde primaban el rojo y el azul: ideal para dirigir en ese ambiente. Todo el equipo realizó su test y, al compartir los resultados, todos tenían perfiles entre azul y verde, excepto una chica joven a la que llamaremos Laura, que era la de menor antigüedad en la empresa. Aún recuerdo su cara de susto con los resultados. Su pensamiento fue «Me van a despedir, aquí no encajo». Nada más lejos de la realidad, Laura se encargaba de la gestión de la comunicación con los clientes, y eso se le daba de lujo. Los clientes se sentían como en casa (y eso que iban a hablar de que la declaración les salía a pagar), el trato era humano, distendido, cálido... Si su perfil es amarillo, ¿cuánto encaja en esa empresa azul? ¿Cómo va a ser su carrera profesional? La respuesta es: depende. Si va a ser la persona que contabiliza las facturas, es probable que se aburra, que el trabajo no la motive y que lo haga tirando de fuerza de voluntad. Por el contrario, al ser la persona que atiende el teléfono, a las visitas o busca nuevos clientes, seguramente ese trabajo lo va a hacer desde sus fortalezas y no le será difícil alcanzar un buen resultado. Volvamos a lo de no confundir colores con personas. Si Laura no existiera, alguien en el equipo tiraría de esa capacidad de conectar con las personas. El ser azul no está reñido con el ser amable, cercano, cálido...

EL IMPACTO POSITIVO EN EQUIPOS, PROYECTOS Y OBJETIVOS

Recuerdo el caso de una pequeña empresa que, tras la formación en gestión de equipos basada en el método DISC, incorporó esta metodología a sus procesos de selección de personal y al de *onboarding* de las nuevas incorporaciones. La rapidez con la que se generaban vínculos en el equipo, confianza y las personas desplegaban su potencial se veía drásticamente afectada.

Visto eso se empezó a incluir con gomets el color de cada cliente en su ficha, y así daba igual quien lo atendiera en la empresa, todos le hablaban en su color. Los clientes se sentían comprendidos, alineados con su proveedor, y eso sin duda mejoró las relaciones comerciales y ayudó a fidelizar a los clientes. ¿Con quién trabajarías tú? ¿Con alguien con el que te entiendes fácil o con alguien cuyo estilo de comunicación se te hace cuesta arriba? ¡Tú eliges!

CAPÍTULO 11

Casos de éxito: Inspiración para ponerlo en práctica

Hemos acompañado a muchos equipos en estos años. Creo que todos y cada uno de ellos se han llevado algo muy importante: la consciencia de lo que antes eran mecanismos inconscientes para poder gestionarlos.

No pocas personas han acudido después para continuar con procesos de *coaching* que les permitieran trabajar esas zonas ciegas que cada temperamento tiene, consiguiendo así incorporar a su repertorio de respuestas nuevas opciones que los convertían en mejores profesionales, mejores personas, mejores compañeros.

Es difícil quedarse con un solo caso, pero me viene a la cabeza el de una compañía aérea que facilitó una formación en gestión de equipos basada en el modelo DISC dentro de un programa de mejora de los cuadros intermedios. Pasados varios años desde esa formación, se puso en contacto conmigo una de las personas que había asistido a la formación, porque observaba que en su equipo había asperezas, que los choques personales dificultaban un mejor desempeño. Me comentó que en la empresa se seguía «hablando en colores» y que le gustaría que su equipo tuviera la experiencia que él pudo vivir con el taller de DISC. El resultado fue un equipo más cohesionado, mejor ambiente en el departamento y ¡una recomendación a otro departamento para que pasaran por el mismo proceso!

LO QUE SE APRENDE AYUDANDO A EQUIPOS DIVERSOS

El principal aprendizaje en todos los años que llevamos formando es que no hay dos formaciones iguales porque no hay dos equipos iguales.

En una ocasión nos pidieron pasar una oferta para acompañar a un equipo en un proceso de cambio de liderazgo. Estaban cambiando al CEO y el nuevo venía con muchas ganas de implantar un nuevo ritmo para alcanzar los resultados (ya puedes identificar el color, ¿verdad?). Pasamos la propuesta de una sola sesión con el equipo directivo y una con los cuadros intermedios, y presupuestar a partir de ese momento. Nos llamaron inmediatamente para preguntar dónde estaba el resto. Los demás presupuestos incluían una formación de liderazgo, comunicación asertiva, comunicación no violenta, motivación, cohesión de equipo y así hasta agotar el catálogo de propuestas estándar. Lo que les planteamos era que hasta que no viera al equipo no sabría si necesitarían mejorar su liderazgo o su comunicación, de hecho, no me parecía de primeras que el problema viniera por ahí... Llevamos un par de años trabajando con ellos y efectivamente no era necesario reforzar el liderazgo... A cada uno lo que necesita.

Otra cosa importante es que, en las empresas, hay personas que vienen porque «el jefe se lo encomienda». No tienen ningunas ganas de indagar en su autoconocimiento, de aprender a cambiar su forma de comunicarse o de cuestionarse qué parte de la responsabilidad tienen en las relaciones o el ambiente laboral.

Nuestro estilo de formación desde la experiencia y la diversión consigue desbloquear esta situación. Recuerdo con cariño una de mis primeras formaciones en la que el cocinero de un restaurante, antes de empezar, me pidió la palabra y dijo: «¿Sabes?, esto no sirve para nada». Se produjo un silencio en el grupo y yo no pude más que agradecerle el comentario. Primero, porque me daba una idea clara de cómo se gestionaba el equipo, y segundo, porque ponía la expectativa tan baja que cualquier pequeña cosa que lográramos sería un éxito. Como así fue. Al acabar se acercó y me dijo: «Qué cabr..., ¡sabías que esto me iba a gustar!». El hombre en pocas horas había tomado conciencia de por qué sus matrimonios no funcionaban, sus hijos se peleaban con él y no disfrutaba en el trabajo, todo en el mismo lote, y además se llevaba una idea de cómo hacer para cambiar esa tendencia. ¿Se puede pedir más?

Epílogo

Si has llegado hasta aquí, primero quiero darte las gracias. Gracias por dedicar tu tiempo y tu atención a leer estas páginas. Pero sobre todo gracias por permitirte hacer este viaje hacia el autoconocimiento, hacia la comprensión de los demás y hacia un modo diferente de relacionarte.

Cuando empecé a trabajar con esta metodología, nunca pensé que se convertiría en un compañero de ruta tan valioso y tan presente. ¿Ya te he dicho que es como un virus que una vez inoculado te hace ver el mundo de colores? Pues eso lo sé porque me ha pasado.

He visto cómo equipos rotos volvían a mirarse a los ojos, a comprenderse y, desde ese lugar, a trabajar mejor; cómo líderes aprendían a escuchar antes de decidir y a comunicar sus decisiones de forma que alineaban al equipo; cómo familias encontraban palabras que antes parecían imposibles de pronunciar. Y, siendo honesto, también me he visto a mí mismo en más de una situación teniendo que aplicarme lo que predico: respirar, escuchar, ajustar mi comunicación... porque no, los *coaches* tampoco somos inmunes a las trampas de nuestro estilo.

Esta herramienta no es una varita mágica, pero sí puede ser una linterna. Ilumina lo que antes estaba en la sombra: las motivaciones, los miedos, los estilos de comunicación y las expectativas que cada persona trae al trabajo, a la familia, a la pareja, en definitiva, a cualquier entorno donde una persona trate con otra persona.

Pretende ser un mapa y, a la vez, una invitación. Un mapa para que encuentres caminos nuevos en tus relaciones. Y una invitación para que lo pongas en práctica en tu vida diaria: en el próximo correo que escribas, en esa reunión que tienes pendiente, en la conversación con tu hijo, con tu pareja o con tu equipo.

Comprender no es resolver, pero es el primer paso. Ser conscientes de nuestros comportamientos hace que dejen de ser patrones, hábitos y automatismos para pasar a ser decisiones, y esas se pueden cambiar. Es una responsabilidad y un trabajo, lo sé, pero el resultado bien vale el esfuerzo.

Esto es una herramienta, sí, pero en realidad es mucho más: es un lenguaje para recordar que no todos vemos el mundo igual, que no todos necesitamos el mismo ritmo, ni la misma cantidad de datos, ni el mismo tipo de reconocimiento. Y eso no es un problema, es una riqueza. La clave está en reconocer esas diferencias y aprender a danzar con ellas en lugar de tropezar una y otra vez en el mismo punto.

Quiero dejarte con una pregunta, porque el *coaching* empieza ahí: ¿qué primer paso vas a dar mañana con lo que has descubierto de ti mismo en estas páginas?

No esperes grandes gestas. El cambio real empieza en lo pequeño: en una palabra dicha de otro modo, en un silencio que antes llenabas con prisa, en una reunión donde eliges escuchar de verdad. Lo pequeño repetido es lo que acaba transformando equipos, familias y vidas enteras.

Este libro termina, sí. Pero tu viaje no hace más que empezar. Y si en algún momento nos encontramos en el camino, me encantará escuchar tu historia de colores.

Con gratitud,

Bernat Fortuny
Coach & formador

Agradecimientos

Creo que un libro nunca lo escribe una sola persona. Aunque la voz que lees aquí sea la mía, detrás hay muchas otras que me han inspirado, sostenido y acompañado en este viaje.

Gracias a Carola, compañera de vida y de proyectos, por caminar a mi lado con paciencia, humor y visión. Por recordarme que detrás de cada metodología está siempre la persona.

Gracias a mi familia, por sus raíces y su ejemplo, por enseñarme el valor de la coherencia y la importancia de no olvidar de dónde venimos, y a Francina, mi hija, ese bonito ¿para qué? que da sentido a todo lo que hago. Y gracias a Lucky, ese pequeño banco de pruebas donde toda esta teoría se pone en acción a diario.

Gracias a mis compañeros de camino en el mundo del *coaching* y la facilitación, que me han retado, apoyado y mostrado que siempre se puede ir un paso más allá, y a Quique y a Paz, que me convencieron de que esa pasión que pongo en las formaciones tenía cabida en un libro.

Gracias a todas las personas con las que he trabajado a lo largo de estos años: clientes, equipos, líderes, familias. Vuestros retos, vuestras preguntas y vuestras historias son el verdadero material del que se nutre este libro. Sin vuestra confianza, nada de lo que aquí se cuenta tendría sentido.

Y, por supuesto, gracias a ti, lector o lectora. Porque al abrir este libro y dedicarle tu tiempo, le das vida y sentido.

Mi deseo es que estas páginas no se queden en teoría, sino que te acompañen en tu propia transformación.

Brief
Editorial